Marianne Schaefer

Die Erzählungen vom Winterkind

Bibliografische Information der Nationalbibliotheken:
Die Deutsche Nationalbibliothek verzeichnet diese Publikation in der Deutschen Nationalbibliografie; detaillierte bibliografische Daten sind im Internet über http://dnb.dnb.de abrufbar.
Die Österreichische Nationalbibliothek verzeichnet diese Publikation in der Österreichischen Nationalbibliothek.

Impressum:
1. Auflage

www.karinaverlag.at
Text © Marianne Schaefer
Lektorat, Layout, Überarbeitung © Renate Zawrel
Coverdesign © Detlef Klewer
Herausgeber: Renate Zawrel/ Karin Pfolz

Print: ISBN: 978-3-903161-05-4

Marianne Schaefer

DIE ERZÄHLUNGEN VOM WINTERKIND

Inhalt

Prolog

Der erste, klägliche Schrei ist eben verklungen. Doch das Kind scheint sich tot stellen zu wollen. Es regt sich nicht mehr. Agnes, die Mutter schüttelt es leicht. Nach und nach erwachen die Lebensgeister unseres kleinen Erdenbürgers. Er trinkt ein wenig und schläft dann wieder ein.

Als der Morgen graut, ruft man den Pfarrer aus der Stadt, der das fast reglose Kind tauft. Es ist eine Nottaufe, wie so oft in dieser Zeit. Die Sterblichkeitsrate ist hoch, also stellt man die Winzlinge in Gottes Hände. So ist man sicher, dass sie im Himmel landen, sollten sie die Welt wieder verlassen müssen, ehe diese Notiz von ihnen genommen hat.

Der Pfarrer tauft das Kind auf den Namen Marie.

Der Geistliche ist alt und ein wenig zittrig, auch von der beißenden Kälte.

Das Wasser schwappt über den Kopf des Kindes, ein Schwall ergießt sich in den Mund des Täuflings. Er verschluckt sich, hustet und beschließt endgültig, am Leben zu bleiben.

So kann Marie sich nun erinnern, an ihre Kindheit als ...

WINTERKIND

Winterkind

Als sie 1938 in einer bitterkalten Winternacht das Licht der Welt erblickte, klang ihr erster Schrei eher kläglich. Sooft sie auch versuchte, sich tot zu stellen, so oft schüttelte Agnes, ihre Mutter, sie, bis ihre innere Uhr wieder richtig tickte. Erst am nächsten Morgen, als sie die Nottaufe und den Namen Marie bekam und ihr das Taufwasser allzu reichlich in den Mund floss, entschloss sie sich endgültig am Leben zu bleiben.

Es folgten vier Jahre, von denen nur Bruchstücke in ihrer Erinnerung geblieben sind. Die schlichte Siedlung mit ihren winzigen Doppelhaushälften, die sich hufeisenförmig aneinanderreihten. Gebaut für kinderreiche Familien. Vor jedem Haus eine Wasserpumpe. In der Mitte des Dorfes ein kleiner, staubiger Platz. Bei Regenwetter, wenn sich Pfützen gebildet hatten, war dieser herrlich zum Toben: Immer hinein in den Schlamm, bis der Matsch emporspritzte.

Bis zur nächsten Stadt lief man eine gute Stunde. Dort arbeitete ihr Vater als Bierbrauer. Als noch Frieden herrschte, fuhr er jeden Tag mit dem Fahrrad hin und zurück und manchmal, wenn sie oder ihre Geschwister das Rad verbotenerweise benutzt und kaputtgemacht hatten, musste er laufen. Aber er schimpfte nie mit ihnen.

Solange er lebte und arbeitete, ging es der Familie gut, und was sie nicht kannten, vermissten sie auch nicht. Doch als der wahnsinnige Führer Tod und Verderben über die Menschen gebracht hatte und ihr Vater aus dem Krieg nicht mehr heimkehrte, begann auch für sie die Zeit des Hungers und der Entbehrungen.

Marie hatte zwei Geschwister, Irmi und Heinz, drei und fünf Jahre älter als sie. 1942 kam noch ein kleiner Bruder hinzu, den der Vater nach seinem letzten Fronturlaub hinterlassen hatte. Der kleine Paul lag nun in ihrem Kinderbett und verlangte stündlich nach der Brust ihrer Mutter. Oh, wie beneidete Marie diesen kleinen Schreihals, wenn er danach satt und zufrieden schlief während ihr und ihren Geschwistern der Magen vor Hunger schmerzte. Agnes, ihre Mutter hätte sicher nicht Nein gesagt, wenn sie den Wunsch geäußert hätte, auch einmal an ihr trinken zu dürfen, doch mit vier Jahren ziemte sich das nicht.

Vater nannte Mutter selten bei ihrem richtigen Namen. Für ihn war sie seine Agnieszka oder Aggi.

Hinterm Haus stand, über einer Grube, ein Toilettenhäuschen mit einem Herzchen in der Türe. Das runde Loch war mit einem alten Topfdeckel verschlossen und im Sommer tummelten sich dort Schwärme von blau und grün glänzenden Fliegen. Es wurde so heiß und stickig, dass sie die Türe offen ließen, wenn sie es benutzen mussten. Als im Krieg die Männer weggeholt worden waren, leerte niemand mehr die Grube. Oft rutschten sie mit ihren kleinen Popos in das große Loch, bis sie die Exkremente der anderen berührten. Ihre Mutter wusste gleich Bescheid, wenn sie anschließend breitbeinig vor ihr auftauchten. Wortlos wurden sie gesäubert und die Welt war wieder in Ordnung. Als das aber zu oft geschah, stellte Agnes einen Eimer mit Deckel in den Flur, den sie täglich leerte und säuberte. Der kleine Garten hinterm Haus freute sich über die Nährstoffe. Die Kartoffeln und das Gemüse wuchsen danach prächtig.

Schon am frühen Morgen, wenn ihre Kinder noch schliefen, wühlte Agnes in den Beeten. Sie rupfte Unkraut, sammelte Schnecken und holte aus einem Graben, der hinter den Gärten floss, mit der Gießkanne Wasser, um zu gießen. Trotzdem reichten die Vorräte nie über den Winter hinaus.

Im Sommer sammelte die ganze Familie in den Wäldern Blaubeeren und im Herbst Pilze. Die brachten sie in die Stadt, wo sie auf dem Markt verkauft wurden. So hielten sie sich einigermaßen über Wasser.

Es half Agnes, die mit zweiunddreißig Jahren Witwe geworden war, ihre vier Kinder zu versorgen. Mit jedem Tag wurde die Versorgungslage schlechter. Das Leben verlief nur noch von einem Tag zum anderen, ohne dass man hätte planen können. Dass die Familie irgendwie über die Runde kam, hatten sie hauptsächlich Heinz, dem Zwölfjährigen, zu verdanken, der in der Umgebung herumstöberte und so manches anschleppte, was essbar war oder getauscht werden konnte. Keiner fragte ihn, woher er die Dinge hatte.

Brot gab es nur selten. Dafür gab es dreimal am Tag eine Klütermussuppe, die aus Wasser und Mehl bestand. Besonders gut schmeckte sie, wenn ein Bauer Mitleid mit den Kindern hatte und ihnen ein wenig Milch schenkte, aber das war selten genug. Jeder sorgte in dieser schweren Zeit vorrangig für sich selbst.

Manchmal gab es Öl zu kaufen. Wenn dann noch Kartoffeln vorhanden waren, buk Agnes Kartoffelplinse. Die Kinder fielen über die Puffer her, wie hungrige Wölfe. Danach saßen alle mit wohlgefülltem Bauch und hätten nicht geglaubt, dass man noch glücklicher sein könne.

An ihren Vater konnte sich Marie nach seinem Tode im Jahre 1942 kaum noch erinnern. Sie war noch zu klein gewesen, als er noch bei ihnen war. Und dann war er fort, lag in fremder Erde begraben. Je mehr sein Bild in ihrem Gedächtnis verblasste, umso mehr klammerte sie sich an ihre Mutter.

„Du bist schlimmer als eine Klette“, schimpfte Agnes dann mit ihr. „Kaum drehe ich den Rücken zu, hängst du schon wieder an meinem Rockzipfel.“

Im Ort gab es einen einzigen Volksempfänger, obwohl dieser schwarze Kasten, wie wir ihn nannten, schon vor dem Krieg angeboten wurde, hatten nur wenige Menschen Geld dafür. Während des Krieges war es beinahe Bürgerpflicht, denn es wurden die ‚Erfolge‘, später Durchhalteparolen darüber verbreitet. *Feindsender hören* konnte tödlich sein, wenn es herauskam. Trotzdem suchte man heimlich nach anderen Sendern, deren Nachrichten ganz anders klangen und die Menschen schockierten. Man musste mit dem Schlimmsten rechnen.

Maries Mutter verachtete den Führer aufs Tiefste. Obwohl es Pflicht war, sein Bild gut sichtbar an die Wand zu hängen, verbarg sie es hinterm Küchenspind. Nur wenn der Postbote oder eine Nachbarin in Sicht war, bekam es wieder seinen Platz an der Wand.

„Dieser Teufel", sagte sie dann immer und manchmal spuckte sie auch auf ihn. Nicht richtig, nur so symbolisch. Besonders nach dem Tod ihres Mannes.

Irmi, ihre drei Jahre ältere Schwester, die schon zur Schule ging, kam eines Tages auf die Idee, nachdem wieder einmal Klütermussuppe auf dem Tisch stand, die Hände zu falten und zum Führer zu beten, wie man es in der Schule von allen Kindern verlangte.

Händchen falten,
Köpfchen senken.
Und an unsren Führer denken,
der uns gibt das tägliche Brot
und uns führt aus aller Not.

Mutter erhob sich wortlos und verpasste Irmi eine schallende Ohrfeige. Noch eine Stunde später lief sie mit einer roten Wange herum. Mutter Agnes fackelte nicht lange. In manchen Dingen hatte sie eine lose Hand. Irmi tat Marie in diesem Augenblick sehr leid und sie nahm sich vor, diesen Fehler nicht ebenfalls zu machen. Wofür sollte sie dem Führer auch danken?

1943 stellten Agnes und die Kinder fest, dass die Siedlung sich langsam leerte. Viele Familien hatten ihre Häuschen heimlich verlassen, sie brachten sich beizeiten in Sicherheit. Nur wenige von ihnen klopften mitten in der Nacht oder im Morgengrauen an ihre Schlafzimmerfenster, um sich von ihnen zu verabschieden.

Reise nach Westpreußen

An das Weihnachtsfest 1943/1944 kann sich Marie nicht mehr erinnern. Es gab keinen Tannenbaum, da war sie sich ganz sicher. Die Petroleumlampe flackerte wahrscheinlich wie immer und wegen der Kälte krochen sie früh in ihre Betten.

An einem Samstag, im Januar 1944, Marie war mittlerweile sechs Jahre alt, stellte Agnes beim Baden ihrer Kinder mit Erschrecken fest, wie sehr – besonders Marie – abgemagert war.

Das hieß Badetag: Ihre Mutter hatte mit dem wenigen Holz, das sie noch besaßen, den Küchenherd angeheizt. Im großen Waschkessel dampfte das Wasser. Anschließend wurde die Zinkwanne bereitgestellt, in der alle der Reihe nach abgeschrubbt wurden. Das musste zügig passieren, denn eine zweite Wannenfüllung gab es nicht.

„Marie!“, sagte Mutter eines Tages. „Ich werde Elli, deine große Cousine bitten, dich zu meinen Eltern nach Westpreußen zu bringen. Sie besitzen eine kleine Kate, haben eine Kuh, eine Ziege und allerhand Kleinvieh. Die Milch wird dir guttun. Vor Ostern, zu deiner Einschulung holen wir dich wieder ab“.

Marie wurde es bange. Sie hatte Oma und Opa, die

Eltern ihrer Mutter, noch nie gesehen. Sie erschienen ihr wie wildfremde Menschen. Die Entfernung war einfach zu groß. Ihre Großeltern wohnten in Hospitalsdorf, in der Nähe von Stuhm, mehr als sechshundert Kilometer von ihrem kleinen Dorf entfernt.

Marie konnte sich nicht vorstellen, ohne ihre Mutter und ihre Geschwister bei fremden Menschen zu leben, nicht einmal für kurze Zeit. Aus Angst, in die Ferne geschickt zu werden, weinte sie sich in den Schlaf.

Reise in den polnischen Korridor

Nach dem Ersten Weltkrieg waren die Provinzen Posen und Westpreußen dem polnischen Staatsgebiet zugerechnet. Alle bis dahin deutschen Reichsangehörigen – ob deutscher oder polnischer Herkunft – wurden zu polnischen Staatsbürgern. Sie verloren dabei ihre deutsche Staatsangehörigkeit.

Alle über 18Jährigen Personen hatten zwei Jahre lang das Recht, für die deutsche Reichsangehörigkeit zu optieren. Sie hatten trotzdem weiterhin „Heimatrecht“, und sie konnten ungehindert mit Hab und Gut bleiben. Die in Polen verbliebenen Reichsdeutschen hatten das Recht, ihre schulpflichtigen Kinder von der Schulpflicht freizustellen und von deutschen Lehrern unterrichten zu lassen.

Dafür hatte aber den Eltern ihrer Mutter das Geld gefehlt, denn sie hatten neun Kinder. Da war bereits das blanke Überleben schwierig. Sie blieben deshalb in ihrer Kate mit dem kleinen Stückchen Land und ihre Kinder gingen zur polnischen Schule.

Dort wollte Agnes die kleine Marie nun unterbringen, um sie vor dem Schulanfang noch ein wenig aufpäppeln zu lassen. Oma und Opa würden sich sicher riesig freuen, so betonte Mutter dem Kind gegenüber immer wieder. Marie hatte so ihre Zweifel. Sie kannte sie doch gar nicht.

Zwei Tage nach Mutters Ankündigung war es soweit: Sie zog die kratzigen, selbstgestrickten Strümpfe an, die das ganze Bein bedeckten und an einem um die Hüfte getragenes Laibchen, befestigt wurden, damit sie nicht rutschen konnten, und schlüpfte in ihre Holzpantinen. Es gab keine Schuhe zu kaufen und wenn, hätte ihre Mutter ohnehin kein Geld dafür gehabt.

Die ganze Reise über dachte Marie an die Worte von Irmi, bevor diese die Haustüre hinter ihnen schloss: „Du hast es gut“, sagte sie, „ich würde gerne mit dir tauschen. Aber ich muss ja in die blöde Schule gehen!“

Irmi lernte nicht gern.

Marie konnte trotz ihrer sechs Jahre beinahe besser lesen und schreiben als ihre Schwester. Schon oft hatte sie für Irmi die Hausaufgaben erledigt, damit es keinen Ärger gab.

Cousine Elli fand die Idee ihrer Tante überhaupt nicht gut.

„Tante Agnes", erinnerte sie leise, „es ist Krieg. Wenn es dem Feind gelingt, Deutschland einzunehmen, dann dringen sie genau dort ein, wohin ich jetzt Marie bringen soll. Oma und Opa werden nicht begeistert sein, wenn ich mit ihr dort auftauche. Wie sollen sie Marie beschützen? Sie sind alt und man hört immer öfter von Flüchtlingsströmen, die aus der Tilsiter Gegend und dem Samland herüberkommen. Mit Kind und Kegel und Sack und Pack. Die Menschen haben Angst! Wer kann, verlässt Ostpreußen bei Zeiten. Sie flüchten."

Diese Unterhaltung war für Maries Ohren nicht bestimmt, doch sie hörte jedes Wort. Wenngleich ihre Mutter den Führer auch jeden Tag verteufelte, plötzlich glaubte sie an den Endsieg.

„Ach, was", erwiderte Agnes, „so schlimm wird es wohl nicht werden!"

Zum Abschied nahm die Mutter ihre Tochter in den Arm. Sie drückte sie noch einmal und meinte: „Erhole dich gut. Und grüße Oma und Opa von uns allen."

Als Elli und ihre kleine Cousine in der Stadt am Bahnhof ankamen, waren Maries Füße von dem hohen Schnee schon patschnass und fühlten sich an, als seien sie zu Eis erstarrt. Von ihrem Laibchen hatte sie unterwegs einen Knopf verloren. Dauernd rutschte der Strumpf nach unten. Immer öfter musste sie stehenbleiben, um ihn wieder hochzuziehen. Der Rock war zu kurz und zwischen Strümpfe und Rock waren ihre Oberschenkel rot gefroren.

Elli schimpfte mit ihr: „Beeil dich! Deinetwegen werden

wir noch den Zug verpassen!“

Im Waggon war es kalt, dem Heizer fehlten die Kohlen. So hockte Marie sich still auf die Bank und getraute sich nicht zu weinen, denn sie hatte Angst, dass ihre Tränen zu Eis erstarren würden. Sie legte ihren Kopf gegen das kalte Fensterglas und blickte nach draußen.

Die Mädchen schwiegen. Die schneebedeckte Landschaft, die draußen an ihnen vorüberflog, nahm sie ganz gefangen. Es war Maries erste Eisenbahnfahrt. Bisher kannte sie nur ihre kleine Siedlung.

Große Angst bekam Marie schon am ersten, großen Bahnhof, an dem der Zug hielt. Uniformierte beherrschten die Wartesäle und Bahnsteige. Verwundete humpelten an Krücken, Arm- und Beinamputierte mit baumelnden Hosen- und Jackenärmeln lehnten an Wänden, saßen auf Bänken und schienen auf etwas zu warten. Rote-Kreuz-Schwestern verteilten Kaffee und Schmalzbrote. Die verletzten Soldaten zu sehen, war für Marie ein Schock.

„Schau nicht hin“, sagte Elli. „So ist eben der Krieg!“

Überall hingen Plakate. „Räder rollen für den Sieg“. Sie warnten vor dem Kohlenklau, forderten Spenden für das Winterhilfswerk und verkündeten den Endsieg.

Hinter Schneidemühl war Marie eingeschlafen. Als sie erwachte, lag ihr Kopf in Ellis Schoß.

„Wir sind da“, verkündete Elli und schob die schlaftrunkene Marie, wie sie war, aus dem Zug.

Inzwischen war es dunkel geworden und die Mädchen

hatten noch einen weiten Fußweg vor sich.
Omas Kate vor Augen, kämpften sich die beiden durch heftiges Schneetreiben. Es waren gefühlte Stunden, bis sie endlich dort ankamen.

Elli klopfte lange und laut. Marie stand daneben und sprang vor Kälte von einem Bein auf das andere.
Verschlafen öffnete ihre Oma die Haustüre.

Die alte Frau schlug die Hände über dem Kopf zusammen und rief entsetzt: „Moj boze, moj boze." (Mein Gott, mein Gott)

Das waren Ausdrücke, die Marie von ihrer Mutter her kannte. Immer dann, wenn sie wieder einmal schmutzig wie ein Ferkel nach Hause kam.

Marie wollte nur noch schlafen, selbst der Hunger war ihr vor Müdigkeit vergangen.

Bevor sie einschlief, hörte sie noch, wie Oma mit Elli, ihrer älteren Enkeltochter schimpfte: „Die Kleine kannst du gleich wieder mitnehmen. Wie stellt Agnes sich das vor? Der Feind steht schon bald vor unserer Haustüre. An manchen Tagen hören wir das Donnern der Geschütze bis hier her. Täglich kommen Flüchtlingsströme aus Ostpreußen durch unsere Gegend. Wenn ich nicht schon so alt wäre, würde ich mit ihnen ziehen. Opa will bleiben. Er will das Haus und die Tiere nicht im Stich lassen. Dieser Holzklotz! Aber vielleicht hat er ja recht und alles wird nicht so schlimm! Meine Eltern sind nach dem Ersten Weltkrieg auch hier geblieben, obwohl wir Deutsche waren und unter den Polen viel zu leiden hatten."

Elli fuhr zwei Tage später wieder weg – und ließ sie allein zurück.

Oma und Opa waren wider Erwarten liebevolle Leute. Oma war klein, mit warmen, braunen Augen und einem Dutt im Nacken. Opa, den Marie erst am anderen Tage kennenlernte, war nicht viel größer als Oma. Er lief etwas gebückt, zog leicht sein linkes Bein nach, weil ihn ein fallender Baum bei seiner Arbeit im Wald getroffen hatte. Seit Ewigkeiten war er Waldarbeiter bei einem deutschen Förster.

Opa freute sich sehr über den Besuch von Marie. Er versprach: „Morgen nehme ich dich gleich mit in den Wald. Ich muss einige Bäume ankreiden, die gefällt werden müssen. Dann kannst du mal so richtig im Schnee toben! Um etwas muss ich dich aber bitten. Im Moment wäre es mir lieber, wenn du nicht so viel und so laut Deutsch sprechen würdest. Der polnischen Nachbarschaft wegen. Die Situation ist im Moment etwas verworren. Der deutsche Führer hat Polen überfallen, deswegen sind die Polen nicht gut auf uns zu sprechen. Wundere dich nicht, wenn Oma und ich draußen auf der Straße nur polnisch miteinander reden. Verstehst du das schon, Marjellchen?“

Marie nickte kräftig, aber sie verstand nichts.

Zwar wusste sie, dass ihre Mutter und ihr Vater, wenn sie etwas zu bereden hatten, auch polnisch miteinander redeten, aber mit den Kindern sprachen sie deutsch.

Zwei Tage später machte Opa sein Versprechen wahr und nahm sie mit in den Wald. Oma hatte für sie eine lange

Hose und ein paar Schnürschuhe von einer Nachbarin besorgt. Die Schuhe waren viel zu groß, deshalb zog sie von Opa ein paar gestrickte Socken an, damit die Schuhspitzen ausgefüllt waren. Opa nahm seine Enkeltochter fest an die Hand und so zogen sie los. Für Marie war es beschwerlich durch den hohen Schnee zu laufen, aber sie schaffte es, Opas Tempo zu halten. Er war gut gelaunt. Den ganzen Weg über scherzte er mit ihr.

„Marie“, sagte er einmal, „was ist, wenn ein Schornsteinfeger in den Schnee fällt?“

„Dann ist der Schnee schwarz“, antwortete sie kichernd.

„Nein, Marjellchen“, lachte er, „dann ist Winter“. Opa suchte in seiner Hosentasche nach der Kreide, um die Bäume zu kennzeichnen, als er plötzlich innehielt und Marie zurückriss.

Einen Steinwurf entfernt, bot sich ihnen ein entsetzlicher Anblick. Eine schwankende Menschenmenge bewegte sich auf einem schmalen Waldweg an ihnen vorüber. Männer, Frauen und Kinder. Ihre Kleidung war zerlumpt und zerrissen, die meisten waren ohne Kopfbedeckung. Keiner trug Handschuhe. Das Schlimmste war der Anblick ihrer Füße. Niemand hatte Schuhe an. Mit Streifen von Lumpen und Säcken hatten sie ihre Füße umwickelt, einige von ihnen liefen barfuß. Sie waren völlig entkräftet und kamen kaum vom Fleck. Ein Stöhnen ging durch die Menschenmasse. Wer stehen blieb, wurde vom Nachfolgenden weitergeschoben. Die Leute waren von deutschen Soldaten begleitet und umringt, die Gewehre schussbereit.

Bevor Marie den Mund öffnen konnte, stieß Opa sie hinter eine tief verschneite Tanne. Er selbst fiel auf die Knie.

„Cicho, cicho“ (leise, leise), flüsterte er und hielt ihr den Mund zu. Sie verharrten solange im Schnee, bis von den Menschen nur noch ihre wogenden Köpfe zu sehen waren.

Kurz darauf hörten sie Kommandos, Schreie, Schüsse. Und immer wieder Schüsse. Opa hielt nichts mehr zurück.

„Bleib hier, bis ich zurück bin, verstanden! Und rühr dich nicht vom Fleck. Ich will wissen, was da geschieht!“

Lange saß Marie wartend hinter der Tanne. Alles an ihr war kalt, nass und steifgefroren. Bei jedem Schuss zuckte sie zusammen und hielt sich die Ohren zu. Sie wartete und Opa kam nicht.

Mit steifen Gliedern erhob sie sich und lief gebückt vorsichtig in die Richtung, in die sie ihren Opa hatte laufen sehen. Deutsche Soldaten hatten ihn entdeckt und wie einen Verbrecher an einen Baum gebunden. Ihre Gewehre zielten auf seinen Körper, während in der Nähe die Schüsse weiter anhielten.

Marie war starr vor Schreck. Schnell faltete sie ihre Hände und wollte beten, aber ihr fiel nur das komische Tischgebet ein und das wollte sie nicht beten.

Plötzlich tauchte aus dem Wald ein Mann in einer grünen Uniform auf. Ein Jäger, mit einem Gewehr über der Schulter. Stimmen wurden laut.

Die Soldaten schrien, der Jäger schrie. Sie konnte jedes einzelne Wort verstehen.

„Seid ihr verrückt geworden! Lasst den Mann sofort frei. Er ist ein Landsmann von euch, ein Deutscher. Ich verbürge mich für ihn!“

Uff! Das war Rettung in letzter Not. Was wäre geschehen, wenn der Förster, Opas Arbeitgeber, nicht gekommen wäre? Hätten die Soldaten Opa auch erschossen und zu den anderen in die Grube geworfen? Sie sah, wie ihr Opa und der Förster etwas unterschreiben mussten, dann konnten sie gehen.

Nach einer Weile kam er endlich in ihre Richtung gelaufen. Schnell machte Marie sich bemerkbar. Sein rot gefrorenes Gesicht war zu einer Maske erstarrt. Zuhause erfuhr sie dann, dass sie Zeuge eines furchtbaren Verbrechens geworden waren. Die Männer hatten unterschreiben müssen, über das Gesehene zu schweigen.

„Diesen Verbrechern traue ich nicht über den Weg“, sagte er zu Oma. „Bring Marie so schnell es geht, zu Agnes zurück. Wir sind hier nicht mehr sicher!“

Morgens in aller Frühe, sie lagen noch in den Betten, holten sie Opa ab. Und nicht nur ihn. Einen seiner Söhne, der in der Nähe wohnte und der als Deutscher an der polnischen Bahn seinen Dienst versah, dessen junge Frau und den neugeborenen Säugling.

Omas liebes Gesicht hatte keine Farbe mehr. Marie dachte, ihre Oma würde zusammenklappen, so klein und gebückt sah sie aus.

Sie bestiegen den erstbesten Zug, den sie bekommen konnten. Es wurde eine lange, stille Fahrt. Nach jedem

Kilometer drückte Oma sie an ihr Herz und strich ihr liebevoll übers Haar.

Maries Mutter schlug die Hände über dem Kopf zusammen, als die beiden so unverhofft vor dem Haus auftauchten.

Oma erzählte in hastigen Worten, was passiert war.

„Mama", sagte Agnes und ließ ihren Tränen freien Lauf, „du darfst nicht mehr zurückfahren. Bitte bleib hier!"

„Das geht nicht, Agnes. Ich muss zurück. Da ist das Haus, die Tiere und was soll Opa von mir denken, wenn er wieder zurückkommt und ich bin nicht da!"

Schweren Herzens ließen wir Oma zurückfahren.

Agnes stand in der Haustüre und weinte bitterlich. Sie hätte sich so sehr gewünscht, ihre Mutter in besseren Zeiten bei sich zu haben.

Ostern 1944 – Der erste Schultag

Draußen war es noch dunkel, doch Marie war vor lauter Aufregung schon wach. Die Mutter hatte für ihre Tafel und den Griffel einen Stoffbeutel genäht, mit ein paar roten Kreuzstichen drauf. Marie fand ihn wunderbar.

Nun marschierten Heinz, Irmi und sie, den langen Weg zur Schule in die Stadt. Die beiden älteren Geschwister begleiteten Marie bis zu ihrem Klassenzimmer und versprachen, nach der Schule draußen auf sie zu warten.

Alles war so aufregend, alles war fremd.

Zuerst mussten alle Kinder neben die Schulbank treten, die rechte Hand ausstrecken und den Führer grüßen.

Dass die Lehrerin nichts von dem Schluckauf mitbekam, das sie vor Aufregung plagte, hoffte Marie inständig.

Nach der ersten Pause fand sie die Schule schon langweilig. Während die anderen nur Striche auf ihre Tafeln malten, die einmal ein *i* werden sollten, hatte sie im Nu ihre Tafel damit vollgeschrieben.

Warm schien die Sonne durch die Fenster ins Klassenzimmer, Vögelchen zwitscherten in den Bäumen. Stumm saß Marie in ihrer Bank und blickte in den sonnigen Morgen. Man hätte meinen können, es sei Frieden, wenn nicht ihr Magen so laut geknurrt hätte. Marie überlegte, was ihre Mutter heute wohl zum Essen auf den Tisch stellen würde! Viele Möglichkeiten gab es ja nicht. Klütermus-suppe, Kartoffelpuffer oder Pellkartoffeln mit Salz. Oder wieder einmal nichts, wie so oft.

Nach vier Wochen war ihre Schulzeit in der 1. Klasse schon zu Ende. Alle Lehrer waren verschwunden, sie hatten sich und ihre Familien in Sicherheit gebracht.

Irmi freute sich riesig darüber. Marie war ein wenig enttäuscht, aber nur ein kleines bisschen.

Nun begann der totale Zusammenbruch. Immer mehr Flüchtlinge zogen durch die Stadt. Manche mit Pferd und Wagen und ihrem gesamten Hausrat. Andere mit voll beladenen Kinderwägen, in denen ein winziges Köpfchen zu sehen war. Schubkarren, in denen alte Menschen lagen.

Nach Jahren behauptete Agnes, auch die Eltern ihres Mannes seien mit Pferd und Wagen und dem gesamten Hausrat durch ihre Stadt gefahren und hätten an ihre Schwiegertochter und Enkelkinder nicht gedacht.

Woher sie das wusste, darüber sprach sie nicht. Nach dem Krieg, als die Suchanzeigen vom Roten Kreuz ins Haus flatterten, weil sie von den Eltern ihres Mannes gesucht wurden, warf ihre Mutter alles in den Ofen. Sie weigerte sich, die Papiere auszufüllen.

„Jetzt brauche ich ihre Hilfe auch nicht mehr“, sagte sie verbittert. „Damals, ja, da hätte ich sie gebraucht!“

Irgendwie schleppten sie sich durch den Sommer und

den Herbst. Sie hungerten.

Aber noch schlimmer war die Angst vor dem nahenden Feind und dem drohenden Winter. Beides rückte unaufhaltsam näher.

Viele Menschen in der Stadt nahmen sich das Leben. Es herrschte unbeschreibliches Chaos.

Maries Mutter dachte oft ans Sterben und sprach auch davon. Doch sie fand keinen Weg, ihre Kinder mitzunehmen. Ihr brach es das Herz, mitansehen zu müssen, wie ihre Kinder darbten, abmagerten und der Gedanke, sie zu verlieren, war für sie einfach zu viel.

Fast täglich liefen Heinz, Irmi und Marie in die Stadt. Dort stöberten sie in verlassenen Häusern und Wohnungen herum, um nach etwas Essbaren zu fanden. Viele Menschen hatten hastig alles stehen- und liegengelassen und nur das Wertvollste mitgenommen. Oft standen die Teller mit dem Essen noch auf dem Tisch und Messer und Gabeln lagen daneben. Den Kindern und der Mutter schmeckte auch das kalte Essen.

Auch für den kommenden Winter sorgten sie vor. Warme Zudecken, Bettwäsche, Spielzeug, alles, was sie nie so richtig kennengelernt hatten, schleppten sie nach Hause. In ihren Augen war das kein Diebstahl, denn die Menschen kamen ja nicht mehr zurück. Ob sie es nun an sich nahmen oder der Feind, war reine Überlegungssache. Außerdem waren die Wohnungen und Häuser unverschlossen.

Eines Tages kamen die Geschwister in der Stadt an der Psychiatrie vorbei und waren erstaunt, dass da plötzlich um die Klinik ein Holzzaun gebaut worden war. Vorher war da nur eine kleine Mauer, mit Blick auf wunderschöne alte Bäume und Bänke, auf denen die Patienten saßen oder in Begleitung der Krankenschwestern spazieren gingen. Der Zaun war nicht sehr dicht und sie drückten ihre kleinen Nasen daran platt, um zwischen den Brettern hindurchschauen zu können. Was sie erblickten, ließ sie vor Grauen verstummen.

Zwei Lastwagen standen im Hof. Die wurden von Männern mit Leichen beladen. Trotzdem die Wagen bereits überladen waren, wurden immer mehr tote Menschen aus dem Gebäude herausgetragen. Wenn die Toten auf der einen Seite des Wagens herunterfielen, packten die Männer sie an Armen und Beinen und warfen sie wieder hinauf.

Marie begann zu zittern, war wie erstarrt. Laut begann sie, zu schluchzen. „Sind die alle in einer Nacht gestorben?“, fragte sie, wie eben eine Sechsjährige nur fragen kann.

Heinz packte seine Schwestern grob an den Armen und zog sie fort, bevor die Männer auf sie aufmerksam wurden.

Zuhause erzählten sie ihrer Mutter davon. Agnes war genauso schockiert wie ihre Kinder. „Moj boze!“, rief sie und begann zu weinen, „dieser Satan!“

Diese grauenvolle Tat blieb nicht verborgen, schnell machte sie die Runde. Sie erfuhren, dass die Anstalt aufgelöst worden war und die Menschen darin hatte man einfach vergiftet.

Marie erholte sich lange nicht von dem Schock. Sie begann schlecht zu schlafen und jede Nacht war das Bett nass gepullert. Ihre Kindheit, so schien es Marie, war nun endgültig vorbei. Zu viel Grauenhaftes hatte sie in ihrem jungen Leben schon sehen und erleben müssen. Dabei war sie noch keine sieben Jahre alt.

„Mama! Wie lange dauert der Krieg noch?“, wollte sie immer öfter von ihrer Mutter wissen. Doch die schüttelte nur verzweifelt den Kopf.

Aaron

Eines Abends, draußen war es bereits dunkel, klopfte ein ihnen bekannter Bauer an das Küchenfenster. Er brachte Aaron und dessen Hund Joschi zu ihnen. Der Junge war zwei Jahre älter als Marie. Sie kannten ihn gut, denn er wohnte nur zwei Häuser weiter. Aaron gehörte zu ihrem Freundeskreis. Seine Eltern waren ‚abgeholt' worden, während er sich bei dem Bauern aufhielt.

„Agnes!", flüsterte der Bauer, „du musst Aaron zu dir nehmen. Ich weiß mir sonst keinen anderen Rat. Nur in einer kinderreichen Familie kann er überleben. Niemanden wird auffallen, wenn du statt vier Kindern plötzlich eins mehr hast. Solange es geht, werde ich euch dabei unterstützen. Es kann ja nicht mehr lange dauern, bis der Spuk endlich vorbei ist! Egal, wie!"

Agnes war bei dem Gedanken, Aaron zu behalten, nicht wohl. Aber als sie in das Gesicht des Buben sah, in seinen Augen schimmerten dicke Tränen, zog sie ihn in ihre Arme und schob ihn in die Küche.

„Ihr kennt ja Aaron und Joschi, seinen Hund. Sie bleiben jetzt eine Weile bei uns. Und kein Wort zu irgendeinem Menschen. Verstanden? Wenn euch einer fragt, so sagt ihr: Das ist Georg, euer Cousin aus Berlin. Er ist bei uns, weil dort die Bomben fallen. Und nun zu dir, Marie. Höre ich auch nur ein einziges Mal den Namen Aaron, plätte ich dir eine, dass dir Hören und Sehen, vergehen! Und nun zu euch allen. Wie heißt euer Cousin?“

„Georg“ wiederholten alle brav im Chor.

Die ganze Familie profitierte davon, dass Mutter Aaron aufgenommen hatte, denn der Bauer hielt sein Versprechen: Immer wenn es dunkel war, brachte er Milch, Kartoffeln, Schmalz und vieles andere mehr.

Spielen durften die Kinder ab sofort nur noch hinterm Haus. Das war weniger schön, waren sie es doch gewöhnt, durch die Gegend zu streifen und auf Beutezug zu gehen. Doch mit *Georg* durften sie das nicht mehr. Aber ihm zuliebe taten sie, was ihre Mutter ihnen befahl. In den paar Wochen, in denen Aaron bei ihnen lebte, gehörte er zur Familie und wuchs allen ans Herz.

Die erste Flucht

Es war ein Nachmittag. Draußen fiel dichter Schnee, dazu fegte eisiger Wind durch das Dorf.

Durch die Straßen humpelte ein Mann mit seinem Stock, schlug an die Türen der Häuser und schrie: „Der Feind kommt! Morgen früh steht er vor unserer Tür."

Auch an unsere Haustür polterte er. Es war der alte Jahnke. Ein Invalide mit nur mehr einem Bein, das andere hatte er im Ersten Weltkrieg verloren.

Als Mutter öffnete, hörte sie: „In einer Stunde geht`s los. Nehmt nur die Kinder und das Nötigste, alles andere lasst zurück. Ich sagte *alles*. Und haltet sie ruhig!"

„Aber wo sollen wir denn hin?", wollte Agnes von Jahnke wissen, „und noch dazu bei diesem Wetter!"

„Ich führe euch in ein Versteck, bis der Feind sich ausgetobt hat", antwortete er. „Viele sind wir ja nicht mehr hier. Die meisten sind schon weg. Oder willst du mit deinen Kindern erschossen werden?", fragte er hastig.

Fünf Kinder standen im Flur, hinter ihrer Mutter und hörten zu. Ängstlich klammerten sie sich aneinander.

Agnes suchte den Himmel nach feindlichen Fliegern ab, doch sie sah und hörte nichts, denn nur dichter Schnee fiel lautlos vom Himmel und schluckte jedes Geräusch.

„Moj boze", rief sie entsetzt aus, „und das bei diesem Wetter! Schnell, Kinder, zieht euch warm an. Möglichst viel übereinander. Und trödelt nicht! Der alte Jahnke wartet nicht auf uns!"

Während Agnes mit flatterndem Herzen kontrollierte, was ihre Kinder anzogen, stand Aaron in einer Ecke und blickte mit großen Augen auf das geschäftige Treiben.

„Beeil dich, Georg, zieh dich an", forderte Agnes ihn auf. *Georg* rührte sich nicht. „Was ist? Warum machst du nicht weiter?" Sie wurde ungeduldig.

„Aber ich habe doch nichts zum Anziehen, Tante", kam es schüchtern aus einer Ecke.

Marie rief: „Aaron kann doch von Heinz …!"

Weiter kam sie nicht. Ihre Mutter brüllte: „Wenn ich noch ein einziges Mal diesen Namen höre, vergesse ich mich. Er heißt *Georg*. Hast du verstanden, Marie?"

So hatten sie ihre Mutter noch nicht erlebt. Sie war wie eine Furie. Verständnislos blickten die Kinder zu ihr. Was wussten sie schon von ihren Ängsten? Wenn sie mit Aaron auffiel, oder jemand sie verpetzen würde, bedeutete das für alle den sicheren Tod.

Agnes wandte sich wieder an *Georg*: „Stimmt, Junge. Such dir etwas von Heinz aus. Viel haben wir ja nicht an warmer Kleidung. Und sag nicht Tante zu mir. Du musst Mama sagen, wie die anderen auch. Und pass bitte auf Marie auf. Du darfst ihre Hand nicht loslassen, unter keinen Umständen. Hörst du Georg?" Sie blickte in seine rot umränderten Augen, aus denen seit Wochen keine einzige

Träne mehr geflossen war. „Du musst, Georg. Ich flehe dich an!“ Er nickte nur stumm und zog das an, was Agnes ihm reichte.

Joschi, *Georgs* Hund, sprang freudig voraus, als die Gruppe sich durch den dichten Schnee zum Sammelplatz kämpften.

„Ihr seid wohl verrückt geworden“, schrie Jahnke sie an, „bringt den Hund sofort ins Haus zurück und schließt ihn ein!“

Eingeschüchtert brachten sie Joschi zurück. Die Haustüre ließen sie einen Spalt offen und stellten eine Zinkwanne davor. Mit etwas Ausdauer und Geschick konnte er sich selbst befreien, so dachten die Kinder. Bis dahin waren sie hoffentlich weit genug weg.

Der Weg war lang. Die Beine wurden schwerer. Ihre Hände waren steif gefroren. *Georg* und Marie hielten sich schon lange nicht mehr an den Händen. Sie kämpften sich durch den tiefen Schnee. Jeder für sich. Aus der Ferne hörten sie dumpfes Grollen, wie von einem nahenden Gewitter. Die Gruppe stoppte, von Panik ergriffen, und setzte ihre Flucht noch hastiger fort.

Marie stolperte. Keiner achtete mehr auf sie. In der Dunkelheit verlor sie die Richtung. Sie irrte lange orientierungslos umher, bis sie vor Müdigkeit, mit dem Gesicht nach unten, in einer Schneewehe liegenblieb.

Die dicht fallenden Schneeflocken deckten alles Unebene zu.

Rings um sie herum war es still. Doch in diese Stille mischten sich das immer näher rückende Maschinengewehrfeuer, das Donnern der Geschütze und ... das Winseln eines Hundes.

Marie spürte etwas Warmes, Feuchtes in ihrem Nacken, etwas, das sie schubste und mit aller Gewalt zu wecken versuchte. Erschöpft hob sie ihren Kopf. Sie versuchte, die vom Schnee verkrusteten Augen zu öffnen, erblickte einen sternklaren Himmel und sah verwundert in zwei Hundeaugen. Es war Joschi. Er gab keine Ruhe, zerrte an ihrer Jacke, sprang um sie herum und keuchte vor Anstrengung. Immer wieder zog er an ihren Kleidern. Schließlich kroch sie auf allen Vieren neben dem Hund durch den Schnee. Sein Instinkt ließ ihn die Fährte finden, die sie verloren und die der Winter zugedeckt hatte.

Hinter ihnen rückte das gefürchtete Grollen immer näher. Joschi duckte sich und zog seinen Schwanz ein. Er ließ ihr keine einzige Atempause und drängte weiter. Diese Stunden in dem dunklen Wald, die Angst, die sie begleitete, schweißte das Mädchen und den Hund zusammen. Eine wunderbare Freundschaft. Doch hätte eine solche zu jener Zeit Bestand?

Als Marie nach einem Erschöpfungsschlaf inmitten der Gruppe wieder erwachte, sah sie *Georg* und Joschi abgesondert und einsam vor einem Baum sitzen.

Jahnke stand vor dem Jungen und drohte wütend: „Der Hund muss sofort weg! Er wird uns verraten."

Georg packte Joschi fester und streichelte ihn.

Plötzlich drang ein Schwall heftig ausgestoßener, fremder Laute zu ihnen herüber. Der Feind war näher gerückt. Joschis Fell sträubte sich, er knurrte gefährlich und fletschte seine Zähne. Georg versuchte ihm das Maul zuzuhalten, doch er riss sich los, biss um sich – und bellte. Georg gelang es endlich, seinen Hund zu packen, doch Jahnke riss den sich sträubenden Joschi an sich und zerrte ihn fort. Nur wenige Schritte von ihnen entfernt, hörten sie lautes, verzweifeltes Bellen, dumpfe Hiebe, leiser werdendes Gejaule – Gewimmer – Stille!

Georg war völlig außer sich. Er sprang hastig auf und rannte kopflos in den Wald. Es folgte ein Schuss. Zurück blieben nur seine Spuren im Schnee.

Niemand aus der Gruppe wagte, zu sprechen. Marie schleppte sich geschwächt dahin.

Wortlos führte Jahnke die kleine Gruppe zu einem Försterhaus. Es lag mitten im Wald. Alle waren hungrig, müde und voller Angst, auch um Georg.

Wem das Haus gehören mochte, fragten sich die Erwachsenen, doch das wusste nur Jahnke. Es müssen reiche Leute gewesen sein, denn die Speisekammer quoll über von Eingemachtem, Speck und geräucherten Würsten. Es fehlte an nichts. Jahnke verbot der Gruppe etwas anzurühren, nur die Kinder bekamen eine Handvoll Walnüsse zum Knacken.

Nach einer Weile war Marie auf dem Fußboden eingeschlafen.

Lange kann es nicht gewesen sein, als Irmi zur Toilette musste und über sie hinwegstieg. Sie war sehr schnell zurück und zitterte am ganzen Leibe.

„Mama!“, rief sie. „Da draußen ist schon der Feind. Hör nur, wie sie schreien: Uhrä, Uhrä!“ Was wohl so viel bedeutete, wie Hurra, Hurra!

Die Erwachsenen liefen an die Fenster. Der Mond schien und beleuchtete den Schnee und die Bäume. Tatsächlich huschten Schatten durch den Wald auf das Försterhaus zu. Einige von ihnen jagten eine Frau durch den Wald, die einen Schlitten hinter sich herzog, bis ein Schuss krachte und die Frau im Schnee liegen blieb.

Nun musste alles sehr schnell gehen. Die Gruppe hastete durch die hintere Türe hinaus und verlor sich kopflos in alle Richtungen.

Plötzlich waren Agnes und ihre Kinder ganz alleine. Zum Glück fehlte niemand von ihnen.

„Was nun?“, fragten sie sich. Die Angst ließ sie verstummen. Selbst der Kleinste, den Agnes in einer Wolldecke auf dem Rücken trug, gab keinen Mucks von sich. Gottseidank! Nicht auszudenken, wenn er im falschen Moment angefangen hätte zu weinen!

Ohne Orientierung hasteten sie weiter, bis plötzlich ein zugefrorener See vor ihnen lag. Sie mussten ihn überqueren, denn ein Zurück gab es nicht. War das Eis auch dick genug, um sie zu tragen? Vorsichtig setzten sie einen Fuß vor den anderen. Das Eis hielt nicht. Es knirschte und brach. Marie versank bis zum Bauch im eiskalten Wasser. Augenblicklich war Heinz bei ihr. Er packte beherzt zu und zog sie heraus. Marie triefte und tropfte und fror erbärmlich.

Nach einem langen Umweg tauchte, wie aus dem Nichts, ihre kleine Siedlung wieder auf.

Sie hatten genug von der Flucht. Endgültig. Ihnen war alles egal. Resigniert gaben sie auf. Sie gingen ins Haus zurück. Sollte der Feind doch kommen und sie erschießen, das war immer noch besser, als draußen bei Eiseskälte herumzuirren und zu erfrieren. Dann hätten sie es endlich hinter sich.

Erschöpft und durchgefroren öffneten sie die unverschlossene Haustür und fielen wortlos in ihre Betten.

Die zweite Flucht

Als der Morgen graute und es langsam hell wurde, beschloss Agnes einen Zug zu erreichen, um sich und ihre Kinder in Sicherheit zu bringen. Wann und ob überhaupt ein Zug fuhr, war ungewiss.

So verließen sie ein zweites Mal die Siedlung und machten sich auf den Weg zum Bahnhof. Sie wollten auf keinen Fall dem Feind in die Hände fallen.

Draußen war es bitterkalt. Ein eisiger Schneesturm fegte über sie hinweg und machte ihnen das Atmen schwer. Gegen Mittag sollte tatsächlich ein Zug von Ost nach West fahren.

Agnes und ihre Kinder schlossen sich der fliehenden Masse an, die zum Bahnhof eilte. Als der Zug nach langem Warten endlich einfuhr, spielten sich dramatische Szenen ab. Verzweifelt drängten sich die Menschen auf dem Bahnsteig, um in einen der wenigen Eisenbahnwaggons zu gelangen. Agnes hielt ihre Kinder dicht an sich gepresst, um sie in der wogenden Menge nicht zu verlieren.

Marie klammerte sich an die Hand ihrer Mutter, als sie plötzlich losgerissen und in die Höhe gehoben wurde. Hastig schob sie jemand durch ein offenes Abteilfenster in das Zuginnere. Die Türen waren von der drängenden

Menschenmenge vollkommen versperrt. Auch andere Kinder waren auf diese Art und Weise im Zug gelandet. Wie die Heringe, aneinander gepresst, lagen sie in den Gängen auf dem kalten Boden und weinten.

Als sich der Zug in Bewegung setzte, brach Panik aus. Die Mütter, deren Kinder im Zug gelandet waren, klammerten sich von außen an die Waggons, saßen auf den Puffern oder kletterten auf die Dächer des fahrenden Zuges, um nach wenigen Kilometern Fahrt durch die Eiseskälte und heftiges Schneetreiben den Halt zu verlieren und mit blau gefrorenen Händen abzustürzen.

Agnes war es nicht gelungen, im Zug ein kleines Fleckchen für sich und die Kinder zu finden. Verzweifelt sah sie den Waggons nach, bis sie ihrem Blick entschwanden. Irre vor Angst um Marie kehrten sie zu ihrem Haus zurück.

Die Kinder im Zug weinten still vor sich hin. Auch Marie konnte sich nicht beruhigen. Immer wieder huschten ihre Blicke auf der Suche nach dem vertrauten Gesicht ihrer Mutter durch den Waggon, doch sie sah nur in fremde Gesichter. Namen wurden von Abteil zu Abteil durchgegeben, flogen von Mund zu Mund. Mütter suchten ihre Kinder, Kinder fragten nach ihren Müttern. Maries Name wurde nicht erwähnt. Die Enttäuschung stand ihr im Gesicht geschrieben.

Da einige Gleise durch die Kampfhandlungen zerstört waren, wurde der Zug umgeleitet. Statt in Richtung Westen fuhren sie einen großen Bogen nach Osten, dem Feind entgegen. Bei den Erwachsenen hatte sich die Hoffnung auf baldige Sicherheit vor dem Feind ausgebreitet, als die dunkle Nacht sich plötzlich in gleißendes Tageslicht verwandelte. Tiefflieger waren am Himmel, wie aus dem Nichts aufgetaucht und feuerten aus allen Rohren. Tumult brach aus. Die Stärksten trampelten über die Schwächsten. Der Zug hielt auf offener Strecke und alles drängte nach draußen.

Wie mit einer Woge wurde Marie mitgerissen. Geschosse flogen, Menschen schrien, Kinder weinten. Marie rannte in einen Graben, rollte sich wie ein Embryo zusammen, klapperte mit den Zähnen und erwartete den Tod.

Als der Spuk vorbei war, entfernte sie sich wie in Trance, übergab sich alle paar Meter, bis nur noch bittere Galle kam. Sie spürte ihre Füße kaum und hatte vor Angst in die Trainingshose genässt. Die war dadurch steif gefroren und scheuerte zwischen den Beinen.

Schnee wirbelte durch die Luft, der eisige Wind riss an Maries dünnem Mantel. Sie zitterte vor Kälte.

Ein einziges Mal blieb sie stehen und machte ihrem Herzen Luft, als ihr bewusst wurde, dass sie verloren gegangen war.

Sie umarmte einen Baum, stampfte mit den Füßen in den Schnee, blickte in den Himmel, hörte das schwache Brummen der abziehenden Flieger und schrie aus vollem Halse: „Ihr blöden Affen! – Ihr Blöden!“

Marie hatte Hunger und Angst. Aber die Angst war größer. Sie wusste nicht, wie lang sie schon durch die Dunkelheit gelaufen war, als sie auf ein Dorf stieß, das in völliger Dunkelheit lag. Der Mond hatte sich hinter den Wolken versteckt, er spendete nur ein karges Licht, als könne er das Elend auf der Erde nicht mehr mit ansehen! Die Straßen waren voller Löcher, Häuser nur noch Steinhaufen, überall ausgebrannte Dächer, nur noch der Kirchturm ragte sinnlos in den Himmel. Tiefe Trichter von Bomben und Granaten, viele Einschüsse an den Wänden. Die Türen der Häuser standen offen oder waren eingetreten, das Ortsschild war mit schwarzer Farbe überpinselt. Einfach ausradiert. Hier hatte der Feind sich ausgetobt. Marie wusste nicht, wo sie sich befand. Am Ende des Dorfes lag ein kleines Anwesen. In der daneben liegenden Scheune fand sie eine stinkende, grobe Pferdedecke. Sie wickelte sich ein, denn der Körper verlangte nach Schlaf, trotz grimmiger Kälte.

Sie träumte von ihrer Mutter, die mit erhobenem Zeigefinger vor ihr stand. „Marie, du hörst mir wieder einmal nur mit halbem Ohr zu. Was sollst du tun, wenn wir auseinandergerissen werden? Dich an andere Menschen halten. Hast du verstanden?“

„Aber hier gibt es keine Menschen mehr“, murmelte das Mädchen und fiel wieder in einen oberflächlichen, unruhigen Schlaf.

Als Marie erwachte, graute schon der Morgen und ein neuer Tag begann – so grimmig, wie der Gestrige geendet hatte. Sie ging vor die Scheune, leckte ein wenig Schnee, verzog sich wieder und döste den ganzen Tag vor sich hin.

Im Dorf rührte sich nichts. Kein Huhn gackerte, kein Hahn krähte, lediglich das hungrige Tschilpen eines Vögleins war von irgendwoher zu hören.

Gegen Abend beschloss Marie, im Haus nach etwas Essbarem zu suchen und danach wollte sie weiterziehen. Als sie sich dem Haus näherte, flackerte hinter einer kaputten Fensterscheibe Licht. Die Haustüre war nicht verschlossen. Mutig klopfte sie an und trat ein.

Ein Ofen bullerte, der wohlige Wärme ausstrahlte. Davor saß ein altes Mütterchen in einem Schaukelstuhl.

„Verschwinde!", rief die Frau und drohte mit einem Schürhaken, „hier ist nichts mehr zu holen!"

„Bitte, Omachen, ich erfriere da draußen. Bitte, nur eine Nacht", bettelte Marie. „Morgen ziehe ich weiter!" Sie gab nicht auf und näherte sich der Frau, die sofort wieder den Feuerhaken hob.

Die kleinen, wasserblauen Augen der Frau musterten Marie und plötzlich war sie wie umgewandelt. „Ach, du bist es, Pauline! Wie kommst du hier her? Sind deine Mutter und dein Vater auch zurückgekommen?"

„Oma, ich bin nicht Pauline. Ich heiße Marie", erwiderte Marie. „Der Feind hat unseren Zug beschossen und …"

„Komm näher, Pauline, damit ich dich besser sehen kann. Du bist sicher hungrig. In der Röhre stehen warme Kartoffeln. Iss dich nur satt. Schön, dass du wieder da bist!

Aber deinen Eltern werde ich was erzählen, dich einfach alleine zurückzuschicken!"

Marie war alt genug, um zu bemerken, dass die Frau im Kopf ein wenig verdreht war. Dann hieß sie eben ab heute Pauline. Hauptsache, sie konnte bleiben. Ihre Mutter würde sie finden und wenn sie jedes Dorf an der Bahnstrecke absuchen musste. Vorausgesetzt, sie fielen dem Feind nicht in die Hände.

Marie aß sich an den Kartoffeln satt, legte sich neben den Ofen auf die Erde und schlief ein. Auch die Oma war in ihrem Schaukelstuhl eingenickt.

Die ersten Morgenstrahlen blinzelten durch die kaputten Fensterscheiben. Die Risse und Löcher hatte jemand mit Papier ausgestopft.

Plötzlich wurde die Haustür mit einem Fußtritt aufgestoßen und drei zwielichtige Gestalten stürmten herein. Sie durchquerten die Küche, zerschlugen im Nebenraum die Möbelstücke, schlitzten Polster auf, zerstreuten Familienbilder, nahmen sich, was sie gebrauchen konnten und verschwanden.

Oma saß wie erstarrt, mit erhobenen Feuerhaken in der Hand, in ihrem Schaukelstuhl. Bereit zum Kampf. Sie klagte: „Pauline, Pauline, warum bist du nur zurückgekommen? Du warst bei Onkel Karl in Sicherheit!"

„Ach, Omachen, ich bin nicht Pauline. Ich heiße Marie …", begann Marie aufs Neue, doch die Frau hörte nicht zu. Sie blickte rundum, als suche sie etwas, was sie vor langer Zeit verloren hatte. Vor diesem Blick bekam Marie Angst.

Sie rannte gehetzt in die Scheune zurück und wickelte die Pferdedecke um ihren Körper. Auf dem Boden hockend, hörte sie die alte Frau singen: „Mariechen saß weinend im Garten ...“ Es klang so schaurig, dass Marie sich die Ohren zuhielt. Als es ihr zu kalt wurde und von der Alten nichts mehr zu hören war, huschte sie wieder ins Haus zurück.

Draußen schneite es unaufhörlich und der Wind wirbelte Schnee durch sämtliche Ritzen und Löcher des Hauses.

„Ich muss weg“, dachte Marie. Aber wohin? Zu sich selbst flüsterte sie: „Nach Hause? Ich könnte es schaffen, aber ich weiß ja nicht einmal, wo ich mich befinde!“

Die aus ihrem leichten Schlaf erwachte Oma riss sie aus ihren Grübeleien. „Pauline koch` Kartoffeln und hole draußen aus dem Eiskeller ein Glas Leberwurst. Zur Feier des Tages kannst du auch ein Glas Mirabellen mitbringen. Wir wollen es uns gut ergehen lassen!“

„Oh, Oma! Was und wo ist ein Eiskeller?“, fragte Marie, die von zu Hause nur den Kriechkeller unter der Küche kannte, in dem die Kartoffeln lagerten.

„Beeil dich!“, forderte Oma sie auf.

Marie hüllte sich in ihre Decke und ging nach draußen. Dort blickte sie sich suchend um. Neben der Scheune lag ein Stapel Holz. Daneben Gerümpel; Blechdosen, durchlöcherte Wassereimer, Stacheldraht, ein alter Besen. Der Geröllplatz zog sie irgendwie an. Mit den Händen entfernte sie den Schnee und eine Klapptüre wurde sichtbar. Sie fand einen Griff und mit äußerster Kraftanstrengung konnte sie die Türe zur Seite klappen. Es schepperte in der lautlosen Stille.

Vereiste Erdstufen führten nach unten in einen Raum. Marie war unheimlich zumute. Es stank erbärmlich. Im kargen Licht des Tages erkannte sie an einer Wand Regale, vollgestellt mit Einmachgläsern vom Feinsten. An den Haken hingen Räucherwürste und ganze Schinken.

Um an diese Köstlichkeiten zu gelangen, müsste sie sich allerdings überwinden, ein Hindernis wegzuräumen. Dafür reichte ihre Kraft nicht aus.

Von der Decke herab hingen zwei erhängte Menschen: eine Frau und ein Mann.

Marie stolperte entsetzt nach oben, schlug die Klappe zu, übergab sich und wankte ins Haus. Was sollte sie nur der Oma sagen? Ihr war so übel!

„Die Türe zum Eiskeller ist zugefroren", log sie. „Ich bekomme sie nicht auf!" Dann rannte sie wieder nach draußen und übergab sich erneut.

„Immer nur Pellkartoffeln", maulte Oma zwar, beruhigte sich aber wieder.

Marie ging in den Nebenraum, ein ehemaliges Wohnzimmer und fand, was sie suchte. Ein Familienfoto. Sie hielt es der Oma vor die Nase.

„Ah, deine Eltern", stellte die Alte fest. „Haben sie gesagt, wann sie wieder zurückkehren?"

Marie schüttelte den Kopf.

‚Arme Oma', dachte sie. ‚Deine Lieben werden nie mehr zurückkommen. Sie hängen im Eiskeller zwischen Speck und Würsten und wir verhungern hier oben.'

Wochen vergingen. Oder waren es nur Tage? Marie hatte jegliches Zeitgefühl verloren. Es war noch immer Winter, er wollte einfach nicht weichen. Die Kartoffeln gingen zur Neige und Oma lehnte eines Morgens tot in ihrem Schaukelstuhl.

An diesem Tag wurde es im Dorf plötzlich laut. Menschen mit beladenen Handkarren, manche mit Pferdewagen, besetzten die leeren, kaputten Häuser. Es wurde gehämmert und gesägt. Ihr wurde angst und bange.

Plötzlich stand ein fremder Mann in der Türe.

„Dzien dobry", grüßte er freundlich. Marie reagierte nicht sofort, obwohl sie den polnischen Gruß verstand.

„Guten Tag, mein Kind", sagte er deshalb in gebrochenem Deutsch. „Ich bin der neue Pfarrer hier im Ort und werde vorerst hier wohnen, bis das Pfarrhaus wieder aufgebaut ist." Er wies auf die Oma. „Ist das deine Oma?", wollte er wissen.

„Ja! – Nein!", stotterte Marie, ehe sie antwortete: „Sie ist heute gestorben. Ich durfte hier nur wohnen!"

„Jak sie nazywasz? Wie heißt du?"

„Marie!"

„So, du bist also eine Deutsche", stellte der Pfarrer fest.

Marie nickte.

„Dann werden wir erst einmal die Oma wegbringen lassen und danach erzählst du mir deine Geschichte. Vielleicht kann ich dir helfen!", klang es freundlich.

Später saßen sie sich am Küchentisch gegenüber. Er hieß Piotre Jakubek und hörte ihr ruhig zu.

Marie erzählte ihm ihre Geschichte, wie sie hier gelandet war und woher sie kam. Sie erzählte von ihrer Mutter, ihren Geschwistern. Sie erwähnte auch den Eiskeller mit den Toten. Darum wurde er sich kümmern, versprach er. Marie begann zu weinen.

„Nie plakac! (Weine nicht.) Du bist gar nicht so weit von deiner Familie weg. In einem Tag können wir das leicht schaffen. Ich werde dich hinbringen!“, tröstete er.

Pfarrer Jakubek hielt, was er versprach. Schon am nächsten Morgen stand ein Pferdewagen vor dem Haus. Er lud einen großen Sack mit Lebensmitteln aus dem Eiskeller auf und bat Marie aufzusteigen.

Ihr kleines Herz tanzte vor Freude mit den Schneeflocken um die Wette. Sie würde endlich ihre Mutter und die Geschwister wieder sehen. Was für ein Glück und welche Freude.

Pfarrer Jakubek wurde selten angehalten, befragt oder kontrolliert. Der liebe Gott schien sie zu begleiten. Er fuhr geschickt auf Umwegen, immer so, um keinen direkten Kontakt mit dem Feind zu bekommen. Die Stadt an der Warthe rückte immer näher. Und dann lag endlich die kleine Siedlung vor ihnen. Der Pastor schickte sie erst einmal alleine ins Haus. Einer musste ja auf das Gefährt und den Sack mit Lebensmitteln aufpassen – das Kostbarste, was es in dieser Zeit gab.

Marie klopfte an die Haustüre. Irmi öffnete. Sie starrte sprachlos auf ihre kleine Schwester. Dann schrie sie, so laut sie konnte: „Marie, Marie!“

Agnes kam angerannt. Sie riss ihre für immer verloren geglaubte Tochter in die Arme. Küsste und weinte gleichzeitig. Herzte sie und bekam vor Freude einen Schwächeanfall. Zum Glück kam Pfarrer Jakubek in dem Moment in den Flur. Er ließ den Sack vorsichtig auf den Boden gleiten und kümmerte sich um die Mutter.
Als sie sich erholt hatte und die Familie sowie der Pfarrer um den Tisch saßen, musste Marie erzählen und erzählen. Sprachlos und mit staunenden Gesichtern hörten alle zu.

Der Pfarrer und Agnes sprachen polnisch miteinander, und als er sich verabschiedete, sagte er auf Deutsch: „Sie haben eine kleine, tapfere Tochter!"

Marie war mächtig stolz auf sich, als sie das hörte.

Schuld

Während Maries Abwesenheit bei der fremden Oma hatte der Feind inzwischen auch ihre Gegend eingenommen. In der Stadt wurde gekämpft. Feuer loderte, doch bis auf ihre kleine Siedlung war er noch immer nicht vorgedrungen.

Da die Gräueltaten den Feinden längst vorausgeeilt waren, hatten die Frauen schon im Herbst in ihren Gärten eine Grube ausgehoben. Heinz musste Bretter zusammen nageln und allerlei Gerümpel darauf befestigen. Marie bekam den Befehl, die Dorfstraße zu überwachen und Alarm zu schlagen, wenn sich der Feind näherte.

Die täglichen Proben verliefen gut. Nach ihrem Alarmruf sprangen Mutter und Schwester durchs Schlafzimmerfenster, das zum Garten hinausging. Beide sollten sich in der Grube verstecken, das Brett mit dem Gerümpel über sich ziehen und warten, bis der Feind wieder abgezogen war. Auch Marie bekam ein Versteck zugeteilt. In der Küche zwischen Herd und Küchenspind stand ein Stuhl, vollgehangen mit Klamotten. Nach ihrem Alarmruf für Irmi und ihre Mutter sollte sie sich im Notfall dahinter kauern. An den Kleinsten hatte niemand gedacht.

„Wer wird so einem kleinen Kerlchen etwas tun!", sagte Agnes und die Kinder stimmten ihr zu.

Heinz beteuerte, er passe auf sich selbst auf. Sie sollten sich um ihn nur keine Sorgen machen.

Warum das alles sein musste, darüber gab man Marie keine Auskunft. Warum mussten sie sich überhaupt verstecken? Marie begriff das alles nicht.

Seit Tagen schon ging die Angst um. Der Feind war da und rückte immer näher. Sie hatten ihn im Wald ja schon kennengelernt. Noch sahen sie ihn nicht von Nahem. Sie hörten ihn nur.

Wie vorher geprobt saß Marie am Küchenfenster und hielt Wache. Paul saß mit seinen Holzklötzen unter dem Küchentisch und spielte. Heinz war nicht da. Bestimmt stöberte er in verlassenen Häusern und Wohnungen nach Essen. Statt die Dorfstraße im Auge zu behalten, war Marie mit ihrem Kopf auf die Fensterbank gesunken und fest eingeschlafen. Kein Wunder nach der ersten Flucht und der Erkältung, die sie sich im See zugezogen hatte! Sie erschrak furchtbar, als die Türe durch einen Fußtritt zersplitterte. Ihr Schrei ‚Mama‘ erstickte vor Angst. Ein Sprung und noch bevor die Küchentüre aufgestoßen wurde, hatte sie sich zitternd hinter ihrem Stuhl, ihrem Versteck, verkrochen. Wenn sie ihren Kopf etwas zur Seite bog, konnte sie ihren kleinen Bruder sehen. Er stand jetzt hilflos mitten in der Küche und blickte auf die Fremden mit ihren Gewehren, die durch die Küche ins Schlafzimmer stürmten. Es wurde laut. Ihre Mutter jammerte, Irmi schrie sich die Seele aus dem Leib, Marie begann, mit den

Zähnen zu klappern. Der Kleine fing an zu weinen und steuerte direkt auf ihr Versteck zu. Bevor er sie erreichen konnte, öffnete sich die Schlafzimmertüre. Agnes und Irmi wurden mit den Gewehren durch die Küche nach draußen getrieben. Marie war wie gelähmt. Sie war nicht fähig, ihr Versteck zu verlassen. Plötzlich kam einer der Feinde erneut zurück und schlug mit dem Gewehrkolben Paul über den Kopf. Mit einem dumpfen Laut knallte sein kleiner Körper auf die Dielen. Verstört blickte Marie auf sein Köpfchen und die Blutlache, die sich bildete. Er rührte sich nicht mehr. Als die Luft endlich rein war, bekam der Stuhl einen Fußtritt. Dann rannte sie nach draußen und schrie nach ihrer Mutter, der Schwester und den großen Bruder, diesen Herumtreiber. Sie schrie wie eine Irre nach Hilfe. Doch niemand kam. Die Siedlung lag wie ausgestorben. Der Feind war ihr in dem Moment egal. Sie hatte keine Angst mehr vor ihm. Aber er war weg. Wieder im Haus überlegte sie, was ihre Mutter jetzt an ihrer Stelle tun würde!

Schnell machte sie ein Geschirrtuch nass, faltete es zusammen und legte es auf Pauls blutende Wunde. Dann zog sie ihm seine Pudelmütze vorsichtig über den Kopf und machte unter dem Kinn eine Schleife.

Im Schuppen stand der Kinderschlitten. Darauf bettete sie den kleinen Körper und band ihn mit einer Kordel fest. Die Kälte biss ihr kräftig ins Gesicht, aber sie zog mit ihrem kleinen Bruder entschlossen Richtung Stadt zum Krankenhaus.

Dort angekommen war es schon dunkel.

Die Fenster des Krankenhauses waren zerschossen, die Eingangstüre zertrümmert, Schnee lag in der Vorhalle. Ganz in der Nähe grölte und sang der Feind; sie feierten ihren Sieg.

Marie zog entschlossen ihren Bruder samt Schlitten in die Halle. Eine Frau eilte ihr entgegen.

„Bitte“, rief Marie, „ich brauche dringend einen Arzt!“

„Einen Arzt? Den brauchen heute viele“, seufzte die Frau. „Hier gibt es keinen mehr, nur einen Medizinstudenten. Ich schau mal, was ich machen kann.“

Es dauerte eine Weile, bis der Student kam. Er sah auf den kleinen Burschen mit dem Kopfverband unter der Mütze und wollte wissen: „Was ist mit ihm?“

„Ich bin schuld!“, war Maries Erklärung. „Wäre ich bloß nicht eingeschlafen …!“

Der Medizinstudent ging nicht näher darauf ein, hob Paul von dem Schlitten und auf einen Tisch. Während er die Wunde nähte und versorgte, erzählte Marie, was geschehen war.

„Muss er sterben?“, fragte sie weinend.

„Ich weiß es nicht“, lautete die ehrliche Antwort, „aber mach dir nicht zu viel Hoffnung. Er ist bewusstlos und sein Kopf ist sehr angeschwollen.“

Ihre Mutter und Irmi waren drei Tage lang verschwunden. Als sie wiederkamen, waren ihre Augen stumpf und leer. Ihre Gesichter um Jahre gealtert.

Paul schlug die Augen wieder auf, aber nichts war mehr wie vorher. Ihr Leben war aus den Fugen geraten.

Nach diesen drei Tagen war in ihrer Mutter etwas zerbrochen. War sie vorher wie eine Glucke um ihre Kinder bemüht, wurden sie nun vernachlässigt. Sie lebten frei wie die Vögel im Wind, die sich ihr Futter selber suchen und sich gegenseitig fütterten.

Die Kinder waren zu Müttern ihrer Mutter geworden, sonst wäre sie unweigerlich an ihrem Zustand kaputt gegangen. Über das Geschehene wurde nie gesprochen.

Paul klammerte sich nur noch an Marie, bei ihr suchte er Liebe und Geborgenheit.

Fast täglich mussten sich Agnes und Irmi in der Grube verstecken. Eines Tages hörte Marie, wie eine Nachbarin zu ihrer Mutter sagte: „Schaff dir einen Freund an, Agnes, dann habt ihr Ruhe vor den anderen."

‚Was das wohl bedeutete: in Ruhe lassen?', fragte sich Marie.

Wenige Tage später hing ein mit Reißzwecken befestigtes Stück Papier an ihrer Haustüre.

Marie versuchte es zu lesen, doch es waren fremde Buchstaben, die sie nicht kannte. Ein fremder Mann, ein Feind, nahm nun Papas Platz ein. Er hieß Nikolai. Nun durfte Marie auch nicht mehr neben ihrer Mutter im Elternschlafzimmer schlafen. Irmi freute sich, als sie sich oben im Kinderzimmer wieder an sie kuscheln konnte. Als Marie sich bei ihrer Schwester über den Fremden beschwerte, wurde Irmi heftig.

„Sei still, Marie! Davon hast du noch keine Ahnung!"

Plötzlich hungerten sie auch nicht mehr. Nikolai schleppte Lebensmittel heran, soviel, dass Agnes anderen Frauen mit Kindern noch abgeben konnte.

Doch dann kam ein Morgen, an den würde Marie sich noch ein Leben lang erinnern.

Sie hatte sich eine leichte Lungenentzündung zugezogen und durfte wieder einmal im Schlafzimmer bei ihrer Mutter nächtigen. Im Morgengrauen wurde sie durch einen heftigen Schmerz wach. Automatisch griff sie zwischen ihre Beine. Da war eine fremde Hand, die ihr wehtat. Etwas steckte in ihrem Körper. Ein Blick genügte. Es war Nikolai. Sie zog die Beine an und ein Tritt vor seinem Bauch genügte, er flog rückwärts aus dem Bett und landete unsanft auf den Boden. Sein Fluchen war noch zu hören, als Marie sich längst im Flur unter der Treppe versteckt hatte. Sie zitterte. Wo war bloß ihre Mutter? Vielleicht im Garten? Irgendwo in der Stadt? Es war mühselig, darüber nachzudenken. Sie war einfach nicht da.

Marie saß unter der Treppe und wartete sehr lange. Erst als sie die Schritte von schweren Stiefeln hörte und die Haustüre geschlossen wurde, kam sie hervor.

Irmi bemerkte sofort, dass mit Marie etwas nicht stimmte. „Wo warst du? Ich habe dich gesucht. Warum bist du noch im Nachthemd und nicht angezogen?", fragte sie.

Marie schwieg. Sie hatte Angst, darüber zu sprechen.

Irmi wunderte sich, weil ihre sonst so lustige, kleine Schwester, bei der der Mund scheinbar immer offenstand, plötzlich so still geworden war.

„Marie“, sagte sie mitfühlend, „ich kann mir denken, was passiert ist! Hat Nikolai dich angefasst?“

Marie begann zu weinen. Sie konnte nicht sprechen, nur nicken.

„Das soll er mir büßen“, schrie Irmi wütend. Sie rannte aus dem Haus und schlug heftig die Haustüre hinter sich zu. Sie wusste genau, wo die Kommandantur war und wo sie Nikolai finden würde.

Nikolai kam nicht wieder. Irmi und Marie schwiegen über diesen Vorfall, nicht einmal ihrer Mutter erzählten sie davon. Die wunderte sich zwar über das Wegbleiben von Nikolai, doch den *Wisch* an der Haustüre ließ sie hängen.

Die Entscheidung

Weihnachten 1944/1945 kamen und ging vorüber. Agnes und die Kinder hatten die Siedlung verlassen und waren in die Stadt gezogen, um im Notfall näher am Bahnhof zu sein. Möbel brauchten sie nicht mitnehmen, denn sie besetzten einfach eine leer stehende Wohnung, in der nichts fehlte. Die Brücke, die über die Warthe führte und die Stadt mit den Vororten und den Dörfern verband, war hinter ihnen gesprengt worden. Wofür? Niemand wusste es genau. Der Feind war doch längst schon da. Bomben fielen noch immer und Deutschland war ein einziger Trümmerhaufen. Immer mehr polnische Familien kamen und besetzten die leeren Häuser und Wohnungen auf der Siedlung und in der Stadt.

Agnes hatte endgültig beschlossen, mit ihren Kindern in der Heimat zu bleiben. Die polnischen Pässe für sie und ihre Kinder waren bereits ausgestellt. Es war die einzige Möglichkeit, bleiben zu dürfen und nicht zu verhungern.

Agnes wartete sehnsüchtig auf das Ende des Krieges, um nach ihren Geschwistern und vor allem nach ihren Eltern sehen zu können. Sie hatten nichts mehr von ihnen gehört seit die Mutter Marie nach Hause gebracht hatte.

In dem Häuschen auf der Siedlung hatte sich eine

polnische Familie, mit Kindern, einquartiert.

Eines Tages kam eine Frau von der Siedlung, die sich mit einem Boot über die Warthe hatte übersetzen lassen, und überbrachte ihnen einen Brief. Er war lange unterwegs gewesen und kam von Agnes‘ Eltern. In dem Brief stand, dass nicht nur Opa, sondern auch Oma abgeholt worden war. Sie seien in einem Arbeitslager an der russischen Grenze. Frau und Säugling ihres Bruders, der im Korridor an der polnischen Bahn gearbeitet hatte, seien im Lager verstorben.

Agnes lief nur noch mit verweinten Augen herum. Oma und Opa kamen zum Glück nach dem Krieg – gebrochen an Leib und Seele – zurück, doch gesehen hat Agnes und die Kinder sie nicht mehr.

Nach diesem Brief holte Agnes die neuen, blauen Pässe aus dem Schubfach, nahm eine Schere, zerschnitt sie vor den Augen ihrer Kinder und schrie wie eine Wahnsinnige: „Niemals werden wir Polen. Morgen verlassen wir unsere Heimat für immer. Kinder, fangt an zu packen!“

In der Zwischenzeit war der Krieg nun vorbei.

Überall herrschte Chaos. Keiner wusste genau, was nun werden sollte.

Kein Zug fuhr mehr. Also machten sie sich zu Fuß auf den Weg, eine Ruinenstadt hinter sich lassend. Vor den Treppen der zerschossenen und ausgeplünderten Bank lagen Tausende von Geldscheinen. Heinz leerte einfach seinen Rucksack mit seinen Lieblingsspielsachen aus und begann so viel er konnte, von dem Geld einzusammeln.

„Was willst du damit?“, rief Agnes, „es ist doch nichts mehr wert. Damit kannst du dir höchstens noch den Hintern abputzen.“

Heinz hatte taube Ohren. Er stopfte wahllos das Geld in seinen Rucksack, als würde er ahnen, dass er damit seine Familie vor dem Verhungern retten würde! Seine Mutter war im Irrtum. Noch lange konnten sie mit dem vielen Geld teures Brot bezahlen.

Eine Schwester von Agnes wohnte in Berlin Tempelhof. Zu ihr wollte sie mit den Kindern. Doch sie war ausgebombt und bewohnte nur mehr ein Zimmer. Dort konnten sie also nicht bleiben.

Dann kamen einzelne Stationen von Städten und Lagern. Berlin Lichterfelde, Neustrelitz, Burg Stargard, Kamin am See, über Hannover nach Holzminden und nach Aholzen. Dort blieb Agnes mit den Kindern am längsten.

Der große Krieg war längst zu Ende. Noch immer irrten Millionen von Menschen durch die Welt, sie fanden kein Zuhause. Unter ihnen Agnes und ihre vier Kinder.

Die Kinder wirkten apathisch, ihre Augen blickten ins Leere. Die schlimmste Zeit ihres Lebens lag nun hinter ihnen, aber die Ungewissheit war ihre Zukunft.

Von einem Lager in das andere. Hier ein paar Tage, dort ein paar Wochen. Nirgends zu Hause. Selten wurden sie von einer mitleidigen Seele mitgenommen. Es waren unzählige Städte und Dörfer, die sie hinter sich gelassen hatten. Immer zu Fuß, getrieben von Hunger und noch immer Angst, was mit ihnen werden sollte! Stolpern über verbrannte Erde und klettern über Trümmerhaufen. Genächtigt wurde da, wo sie vor Müdigkeit liegen blieben. Mal hatten sie ein Dach über dem Kopf, mal nicht. Sehr oft schliefen sie auf verlaustem Stroh, mal auf dem blanken Fußboden. Der Schlaf überkam sie neben Sterbenden und sie erwachten neben Toten.

Das Grauen sollte nun endlich hinter ihnen liegen und ein neues Leben für sie beginnen. Heute …

Dieser Oktobertag war sonnig und warm. Das letzte Lager lag hinter ihnen. Nun saßen sie mit anderen Familien dicht gedrängt auf einem Pferdefuhrwerk und wurden in ihrer neuen Heimat verteilt. Die Fahrt ging über holprige Wege von Dorf zu Dorf. Immer mehr Familien verließen den Wagen. Wer übrig blieb, waren Agnes und ihre Kinder.

Keiner hatte Platz für eine so große Familie.

Es dunkelte bereits, als sich in einem kleinen Dorf ein Gastwirt ihrer erbarmte und ein Gästezimmer anbot. Die neue Bleibe lag am Ende eines langen Ganges und hatte auch schon mal bessere Tage gesehen. Im Raum standen zwei Betten, ein schäbiger Schrank, ein wackliger Tisch und zwei Stühle. Kein Ofen, kein Licht. Frisches Wasser musste mit einem Eimer am Dorfbrunnen geholt werden.

Die fünf Menschen waren so erschöpft, dass sie nur noch schlafen wollten. Agnes legte sich mit dem Kleinsten in das eine Bett und die drei Größeren teilten sich das andere.

Heinz und Irmi legten sich zum Kopfende und Marie, die Siebenjährige, zum Fußende. In der Mitte des Bettes trafen sich sechs Beine, die sich gegenseitig im Schlaf störten. Die Zudecken waren unangenehm klamm, denn das Zimmer stand lange leer und wahrscheinlich war es nur selten gelüftet worden. Aber sie hatten endlich ein Dach über dem Kopf. Sie waren der Hölle entkommen, es konnte also nur noch besser werden!

In den nächsten Tagen kehrte ein wenig der Alltag ein. Wenn man nur das nackte Leben rettet, fehlt es natürlich an allem. Da in dem Zimmer kein Ofen war, kochte Agnes hinterm Haus auf vier Ziegelsteinen, in deren Mitte ein paar Holzscheite brannten. Zwei Blechdosen ersetzten die Kochtöpfe.

Am dritten Tag ihrer Ankunft gingen die Kinder wieder zur Schule, denn sie hatten während der Flucht viel

Lehrstoff versäumt. Zudem waren sie unterernährt und schlecht gekleidet und wurden von den Mitschülern deswegen oft gehänselt.

Agnes tat, was sie konnte. Wenn auch die kaputten Strümpfe ihrer Kinder nicht mit dem passenden Garn gestopft waren, so waren sie doch sauber und ganz. Mehr als einmal dankte sie Gott dafür, dass sie einmal in der Woche die Waschküche der Wirtsleute benutzen durfte.

Die Familie lebte bescheiden und zurückgezogen und fiel kaum auf. Die kleine Rente, die Agnes für sich und die Kinder bekam, reichte weder vorne, noch hinten. Und bald stand der Winter vor der Türe. Würde es reichen, die Stube zu heizen und die Kinder warm zu kleiden?

Die neueste Errungenschaft war ein Kochtopf aus Blech. Die Freude darüber war sehr groß. Täglich suchte Agnes im Ort nach einem Zimmer mit einem Herd, in das sie hätten umziehen können.

Schon fielen die ersten Schneeflocken vom Himmel. Sie begannen zu frieren. Immer öfter, schon am helllichten Tag, kroch die kleine Familie in die Betten, um sich zu wärmen.

Eines Tages, als Marie aus der Schule kam, suchte sie vergebens nach ihrer Mutter.

Irmi kochte draußen auf den Ziegelsteinen einen Grießbrei.

„Wo ist Mama?“, wollte Marie wissen.

„Mama liegt im Krankenhaus. Sie lag bewusstlos im Gang. Mehr weiß ich auch nicht“, antwortet Irmi, dabei rührte sie unentwegt mit dem Kochlöffel im Brei, der dicker und dicker wurde. Der kleine Bruder stand daneben und plärrte, er hatte Hunger.

Marie begann zu weinen. „Aber bald ist Weihnachten“, rief sie. Würde es ein Weihnachtsfest ohne ihre Mutter werden? Anderntags begannen die Weihnachtsferien. Aber was wurde danach? „Was wird, wenn du zur Schule musst, wer passt dann auf den Kleinen auf?“, wollte Marie von ihrer Schwester wissen.

„Ich!“, antwortete Irmi. „Ab heute bin ich eure Mutter, verstanden? Ich gehe solange nicht zur Schule, bis Mama wieder hier ist. Und wenn ihr nicht folgt, gibt es Haue! Verstanden!“

Marie tröstete sich mit dem Gedanken, ihre Mutter würde bald wieder kommen. Hörbar zog sie durch die Nase hoch.

Da hob Irmi ihren Kopf. „Wie siehst du denn aus? Hast du dich geprügelt?", fragte sie.

„Warum, wie sehe ich denn aus?“ Marie grinste und sah an sich herunter.

Irmi schüttelte ihren Kopf. „Du siehst aus, wie ein gerupftes Huhn!“

„Ja, ich habe mich geprügelt. Und weißt du auch warum? Das reichste Bauernmädchen hier im Dorf nannte mich in der Pause einen Pollack. Da habe ich ihr eine geschmiert. Vor Wut ist sie auf mich losgegangen. Und weißt du, was sie noch gesagt hat? ‚Ihr armen Flüchtlinge, ihr habt da drüben doch nichts besessen, sonst hättet ihr es ja mitgebracht!‘ Da habe ich ihr noch eine runtergehauen!“

Irmi war entsetzt. „Das darfst du nicht tun!“

Marie erwiderte trotzig: „Doch! Die wird mich nie wieder so nennen, diese dumme Pute. Was weiß die denn schon?“

Zwei Tage vor Heiligabend klopfte Herr Schmidt, der Gastwirt, an die Zimmertüre.

„Ich habe für euch ein Zimmer mit einem Ofen gefunden. Packt alles zusammen, was ihr besitzt. Ich fahre euch hin.“

Viel war nicht zu packen.

Sie fuhren in einen Nachbarort und Marie befürchtete, dass ihre Mutter sie nun nie mehr finden würde! Die Stimme des Kindes klang weinerlich: „Und wenn Mama nun überhaupt nicht mehr kommt?“

„Marie, wie kannst du nur an so etwas denken?“, schimpfte Irmi. „Das wird der liebe Gott nicht zulassen! Er wollte, dass wir leben. Und nun hör endlich auf zu weinen.“

Das Zimmer lag über einer Garage und war möbliert. Auch ein Kochherd stand darin. Jetzt brauchten sie nur noch etwas Essbares. Am nächsten Morgen gingen sie gemeinsam in den nahe gelegenen Wald und sammelten reichlich Tannenzapfen und Kleinholz für die Feiertage.

Der Heilige Abend brach an und ihre Mutter lag noch immer im Krankenhaus. Niemand war da, den sie fragen konnten, was ihrer Mutter überhaupt fehlte!

„Was gibt es zum Mittagessen?“, wollte Heinz von Irmi wissen.

Mit Tränen in den Augen zeigte sie ihm zwei gekochte

Pellkartoffeln.

Er stutzte! „Gut“, murmelte er, „dann werden wir losen, wer sie essen darf!“ Sofort machte er vier Zettel und schrieb auf jedes fein säuberlich ihre Namen.

Marie zog das Glückslos. Irmi reichte ihr die Kartoffeln, die Marie glücklich entgegennahm. Aber dann sah sie den Hunger in den Augen ihres kleinen Bruders. Wortlos reichte sie ihm den ‚Gewinn‘. Schluchzend verließ sie das Zimmer und lief verzweifelt durchs Dorf.

Aus einer Bäckerei roch es nach frischem Brot. Ohne lange zu überlegen, öffnete sie die Türe und ging hinein. Hier konnte sie vielleicht um ein Brot bitten. Die Türklingel schrillte laut, aber niemand kam. Marie sah sich verstohlen um. Spontan griff sie ins Regal, klemmte sich zwei Brote unter die Arme und rannte aus dem Laden. In dem Moment war es ihr egal, ob sie gesehen worden war oder nicht!

Abends brannte auf dem Tisch eine Kerze und der Kochherd verströmte wohlige Wärme. Jedes der Kinder hatte ein Stück von dem herrlich duftenden Brot in der Hand und biss kräftig hinein.

Plötzlich polterten laute Schritte auf der Treppe. Die Türe wurde aufgerissen. Den Kindern blieb der Bissen im Halse stecken. Der erzürnte Bäckermeister blickte in erschrockene Kinderaugen. Sein Donnerwetter blieb aus, als er die vier einsam beim Küchentisch sitzen sah.

„Wo ist eure Mutter?“, fragte er.

Irmi gab zitternd Auskunft. „Im Krankenhaus.“

Der Bäckermeister blickte sich in dem erbärmlich

eingerichteten Zimmer um. „Und wer kümmert sich um euch?"

Irmi blickte ihre Geschwister an und hob die schmalen Schultern. „Ich!", flüsterte sie verlegen.

„Das gibt es doch nicht!", sagte der Bäckermeister lauter als gewollt. Er donnerte los, schimpfte über die Behörden und über die Dorfschwester, die es nicht nötig fand, sich um vier kleine Halbweisen zu kümmern!

Verschreckt lauschten die Kinder seinen Worten. Als er sich wieder beruhigt hatte, ließ er durch seinen Gesellen mehr Brot, Lebensmittel und Feuerholz holen. Ja, es gab sogar für jeden ein kleines Geschenk.

Es wurde ein wunderschöner Heilig Abend für die Kinder und für eine kleine Weile vergaßen sie alle Sorgen und Kummer.

Marie blickte mit glänzenden Augen in die Flamme der Kerze und stimmte leise ein Weihnachtslied an. So satt und glücklich waren sie schon lange nicht mehr gewesen.

Mitte Januar kam endlich ihre Mutter zurück. Der Hauswirt hatte sie nach Hause geholt. Glücklich drückte sie ihre vier tapferen Kinder an ihre Brust und Heinz, Irmi, Marie und der Kleinste ahnten, dass nun alles gut werden würde.

Der Weihnachtswunsch 1952

Pünktlich zur Weihnachtszeit hatte es geschneit. Marie blickte versonnen auf die weiße Pracht. Sie liebte den Winter, doch unter den gegebenen Umständen konnte sie sich nicht damit anfreunden. Was hatte ihre Mutter sich nur dabei gedacht, in diese Einöde zu ziehen?

Agnes stand in der spärlich eingerichteten Küche und machte das Abendbrot. Plötzlich erfasste Marie eine unbändige Wut.

„Mama, kannst du mir sagen, wie ich von hier aus zur Arbeit kommen soll?"

Die Mutter schwieg, als hätte sie diese Frage nicht gehört.

„Und wie kommt Paul in den nächsten Ort, zur Schule?"

Wieder keine Antwort.

„Aber du musst dir doch darüber Gedanken gemacht haben? - Es fährt kein Bus, es gibt keine Bahn. Wir besitzen weder ein Auto noch ein Fahrrad. Was nützt uns eine größere Wohnung, wenn wir dafür keine Möbel haben und in leeren Zimmern hausen! Außerdem brauchen wir zum Leben meinen Verdienst!"

Ihre Mutter blieb stumm.

Marie konnte sich nicht mehr beherrschen. „Wie

konntest du nur mit uns in dieses Nest ziehen? Die Miete ist zu hoch, wir werden hungern und eines Tages auf der Straße sitzen. Außerdem – immer wenn wir uns irgendwo eingelebt haben und uns wohlfühlen, ziehen wir wieder weg. Weißt du überhaupt, was du uns damit antust? Ich mach das nicht mehr mit. Mit uns geht es nur noch bergab. Bitte, Mama sag doch etwas“, bettelte sie.

Marie zuckte zusammen, als ihre Mutter sie plötzlich anschrie: „Wenn es dir hier nicht gefällt, dann verschwinde! Du weißt ja, wo der Zimmermann das Loch gelassen hat!“ So hatte ihre Mutter noch nie mit ihr gesprochen. Blind vor Tränen, stopfte Marie einige Sachen in ihren kleinen Pappkoffer, steckte ihren Pass ein, und lief hinaus in die eiskalte, dunkle Nacht.

Nach vielen Stunden Fahrt bedankte sich Marie bei dem netten Lastwagenfahrer für die freundliche Mitnahme.

„Halt die Ohren steif, Mädchen", sagte er und reichte ihr den kleinen Koffer. „Fröhliche Weihnachten“, rief er ihr hinterher, bevor er davon fuhr.

‚Weihnachten! Ach ja, heute war Heiligabend‘, dachte sie traurig. Sie hatte es vor lauter Kummer total vergessen. Als Erstes musste sie ihren Koffer loswerden, er war zwar leicht, aber lästig. Als sie am Hauptbahnhof vorbeikam, deponierte sie ihn kurzerhand in einem Schließfach.

Es fing an zu schneien. Marie achtete nicht darauf. Sie hatte die Hände tief in den Manteltaschen vergraben, ihre blonden Haare unter ein Kopftuch versteckt. Verdammt war das kalt! Sie fror erbärmlich in ihrem dünnen Mantel. Die laute Stadt, die hastenden Menschen, die riesigen Häuser, alles machte ihr plötzlich Angst. Wie anders war es dort, wo sie jetzt wohnten. Alles war klein und bescheiden. Was sollte sie jetzt bloß machen? Wo sollte sie hin? Vor jedem Schaufenster blieb sie stehen, drückte ihre winzige Stupsnase gegen die Scheibe und betrachtete die bunten Pappteller, vollgestopft mit Süßigkeiten.

Ein Weihnachtsmann aus Pappe nickte ihr zu. Seine Hand mit der Rute drohte ihr, immer im gleichen Rhythmus. Sie blickte in den Himmel. In dicken Flocken fiel der Schnee zur Erde. Menschen gingen vorüber, sie freuten sich auf den Heiligen Abend, trugen die letzten Besorgungen unter dem Arm.

Von irgendwoher erklang Weihnachtsmusik, Marie ging ihr nach. Es war Weihnachtsmarkt! Auf einem Platz stand eine riesige Tanne, der gefallene Schnee glitzerte in den Zweigen. Vor den Buden roch es nach Lebkuchen, Glühwein und gebrannten Mandeln. Kinder lachten, Losverkäufer riefen, ein buntes Karussell drehte sich im Kreise. Ein Leierkastenmann spielte ‚Fröhliche Weihnacht überall!' Marie stand und staunte.

Eine dunkle Stimme riss sie jäh aus ihrer Versunkenheit. „Du siehst aus, als hättest du Zeit! Hast du Lust, Lose zu verkaufen? Du bekommst ein warmes Essen und Lohn natürlich auch. Mir scheint, du könntest beides gebrauchen!"

Marie blickte auf einen Mann vor einem Wohnwagen. Er

stand auf einem Bein, das Andere ersetzte ein Krückstock. Sein Gesicht bestand nur aus Bart. Er sah zum Fürchten aus. Schnell eilte sie weiter.

„Na, hast du es dir überlegt?“, brummte der Bärtige wenig später, als sie zurückfand. Sie nickte ergeben. In seinem Wohnwagen war es warm und gemütlich. „Du musst laut rufen“, sagte er freundlich und schob ihr einen Teller Suppe über den Tisch zu. „Mach es wie die Anderen!“

Marie nickte.

„Nenn mich Alfred“, sagte der Mann und drückte ihr einen kleinen Plastikeimer mit bunten Losen in die Hand, dann schob er sie hinaus ins Freie. Ratlos blickt sie sich um.

‚Ich muss laut rufen‘, dachte sie. Alfred wird mich bestimmt beobachten! Der Schnee trieb ihr ins Gesicht, schmolz, vermischte sich mit den dummen Tränen, die jetzt ungewollt liefen. Alfred stand vor seinem Wohnwagen und nickte ihr aufmunternd zu.

„Wer probiert`s?“, rief Marie zaghaft und viel zu leise. Alfred nickte wieder. „Na, wer macht hier noch mal mit? Wer riskiert`s? Wer möchte noch einmal?“ Sie rief und rief und bemerkte nicht, wie die Zeit verging. Im Nu war es dunkel geworden, die Lichter erloschen, der Weihnachtsmarkt war zu Ende. Die Menschen zerstreuten sich, sie gingen heim, wo es warm war, wo Kerzen brannten und Geschenke auf sie warteten.

Alfred machte ein zufriedenes Gesicht und brummte:

„Du kannst jetzt auch gehen. Deine Eltern werden sicher schon auf dich warten!“ Er entlohnte sie und begann seelenruhig den Inhalt seiner Bude einzupacken.

Was nun? Sollte sie sich Alfred anvertrauen? Doch sie getraute sich nicht. Langsam schlenderte sie über den jetzt fast dunklen Platz. Gedankenverloren setzte sie einen Fuß vor den andern. Die Straßen wurden leerer, die Gegend immer einsamer. Ein Schneemann im Vorgarten einer Villa reckte seine Mohrrübennase keck in den schneebeladenen Himmel. In einem verfallenen Fabrikgebäude suchte sie Schutz. Vorsichtig tastete sie sich hinein. Wie dumm von mir, dachte sie, im tiefsten Winter davonzulaufen! Und noch dazu an Weihnachten. Draußen tobte jetzt ein richtiger Schneesturm. Hier konnte sie unmöglich bleiben, wenn sie nicht erfrieren wollte.

Kurz darauf klopfte sie an den kleinen Fensterladen von Alfreds Wohnwagen.

„Alfred!“, rief sie leise. Sie zitterte vor Kälte, schnell klopfte sie noch einmal.

„Wer ist da? Was gibt es?“

Ein Spalt des Fensters wurde geöffnet.

„Ich bin es, Marie!“, rief sie.

„Welche Marie? Ich kenne keine!“

„Die Marie von heute Nachmittag. Die Losverkäuferin!“

„Geh zur Tür! Ich öffne!“ Wortlos zog er die zitternde Marie in den Wohnwagen, half ihr aus dem nassen Mantel und stellte ihr heißen Tee hin. Dann erst fing er an zu fragen: „Warum kommst du zu mir?“

„Ich wusste nicht wohin. Ein Polizist hat mich aufgegriffen“, schwindelte sie. „Ich habe ihm erzählt, ich sei Ihre Tochter!“

„Ist dir nichts Besseres eingefallen? Ich habe keine Tochter. Ich habe niemanden!“, brummte Alfred und hantierte laut mit dem Geschirr. „Hier, iss! Es ist Suppe von heute Mittag. Ich wusste doch sofort, als ich dich sah, dass mit dir etwas nicht stimmt.“ Nach einer Weile jedoch war er wie ausgewechselt. „So, du bist also heute meine Tochter“, stellte er lächelnd fest. „Wie alt bist du, Tochter?“

„Vierzehn. Warum fragen Sie?“

„Nur so. Wenn meine Tochter noch leben würde, wäre sie heute ...!“ Er schwieg. Erst nach einer Weile begann er zu erzählen: „Erst starb meine Frau, später lief meine Tochter davon. Sie konnte das Vagabundenleben, das ständige Herumziehen nicht mehr ertragen. Sie geriet in schlechte Gesellschaft, Alkohol, Drogen ... Na, ja! – Irgendwann kam dann die Todesnachricht.“ Alfred hatte feuchte Augen. Nachdenklich blickte er auf Marie. „Warum bist du weggelaufen? Bist du doch oder? Hast du keine Angst vor mir?“

„Ein bisschen schon“, gestand Maria ehrlich.

Alfred verschluckte sich am Zigarettenqualm. Er hustete lange.

Maria sah sich um. „Heute ist doch Weihnachten. Haben Sie keinen Baum?“

„Weihnachten ist etwas für Kinder. Konnte ich denn wissen, dass ich heute noch eine Tochter bekomme? Außerdem siezt eine Tochter ihren Vater nicht.“

Marie bohrte weiter: „Hast du wirklich keinen Baum?“

Kopfschüttelnd ging er in die dunkelste Ecke seines Wohnwagens. Sie hörte ihn in Kartons kramen und mit Papier rascheln. Als er zurückkam, trug er ein kleines grünes Kunstbäumchen in der Hand, mit Kugeln daran, nicht größer als Murmeln. „Frohe Weihnachten“, sagte er und stellte das Bäumchen auf den Tisch. „Bist du nun zufrieden, Tochter? - Erzähle! Warum bist du ausgerissen?“

Doch ehe Marie begann, fiel ihr Blick auf ein paar Bilder, die an der Wand des Wohnwagens hingen. Sie stand auf und ging näher, um sie zu betrachten. Auf einem Bild waren wohl seine Frau und Tochter zu sehen!

Auch Alfred war aufgestanden und hinter sie getreten. Er wollte ihr erklären, wer auf dem zweiten Bild zu sehen war, als Marie ihn unterbrach: „Dieses Bild kenne ich, ob du es glaubst oder nicht! Der eine bist du und der andere ist mein Vater, Herbert, nicht wahr?“

Alfred wühlte nervös in seinem Bart und musste sich vor Schreck setzten. Das Bild zeigte zwei junge Männer in Uniform.

‚Was passiert hier eigentlich heute?‘, fragte sich Alfred. ‚Erst bekomme ich eine Tochter ins Haus geschneit, und nun ist sie auch noch das Kind meines besten Kameraden, der von meiner Seite gerissen wurde und als vermisst galt.‘

War es Bestimmung, war es Schicksal, dass sie sich trafen? Keiner wusste es.

Sie schwiegen lange. Endlich lösten sich ihre Zungen. Marie erzählte von ihrem Vater, viel war es nicht, das sie noch wusste. Sie berichtete von der Flucht, dem großen Leid, von Hunger und Kälte. Ihren ganzen Kummer redete sie sich von ihrer jungen Seele.

Alfred hörte ihr ruhig zu. Gegen Morgen, als ihr die Augen fast zufielen, sagte Alfred: „Weihnachten darf man sich etwas wünschen!"

„Wünschen?", fragte Marie schläfrig. Sie dachte an die große Not zu Hause und die Löcher, die gestopft werden wollten! „Ach, Alfred! Den Wunsch, den ich habe, den kannst du mir nicht erfüllen, auch nicht der Weihnachtsmann!"

„Dann schlaf jetzt, Tochter! Morgen fährst du zurück, aber diesmal mit dem Zug!"

Weihnachten darf man sich etwas wünschen

In dem kleinen Nest war es zum dritten Mal Winter geworden.

Marie haderte nicht mehr mit ihrem Schicksal. Sie arbeitete bei einem Bauern im Ort und hatte sich gerade den Schemel zurechtgerückt, um zu melken, als die Stalltüre aufgerissen wurde und eine Fuhre Schnee samt Bruder herein gewirbelt wurden.

„Marie, du sollst mal schnell heimkommen", rief er außer Atem. „Der Postbote ist da, er hat einen wichtigen Brief für dich. Du musst persönlich unterschreiben!"

Der Postbote war extra mit seinem Fahrrad aus dem Nachbarort gekommen. Er fror entsetzlich. Wenn er wenigstens einen Schnaps bekommen würde, aber bei denen hier war nichts zu holen!

Ganz feierlich klang seine Stimme, als Marie die Wohnung betrat. „Sind Sie Marie Wernicke?"

Marie nickte.

„Dann unterschreiben Sie hier!"

Der Brief kam von einem Rechtsanwalt und Maries Augen wurden immer größer, während sie las.

„Mama!" Ihre Stimme zitterte. „Alfred ist gestorben. Er hat mir den Erlös aus dem Verkauf seines gesamten

Vermögens vermacht! Hier, lies selbst!" Sie drückte den Brief ihrer Mutter in die Hand und rannte zur Tür. „Herrje! Ich muss ja noch fertig melken." Auf dem Weg zum Stall war ihr Kopf voller guter Pläne, ihr Herz voller Dankbarkeit.

„Danke, Alfred! Du warst ein anständiger Mann. Was hätte mir alles passieren können, hätte ich nicht dich getroffen!"

Es war ihr, als höre sie Alfred mit brummiger Stimme sagen: „Weihnachten darf man sich etwas wünschen, Tochter!"

Viele Jahre später …

Herzalarm am Empfang

Das durfte doch nicht wahr sein!

Marie, am Empfang eines Krankenhauses tätig, traute ihren Augen nicht. Da versuchten doch tatsächlich Herr und Hund, und das vor ihren wachsamen Augen, sich durch die Halle zu mogeln.

‚Das geht aber wirklich zu weit', dachte sie und stellte sich den beiden in den Weg.

„Das kann ich leider nicht dulden", sagte sie mit strengem Blick. „Tiere haben laut Hausordnung hier nichts zu suchen!"

Herr und Hund sahen sich an. „Aber ich gehöre zum Haus", sagte der Mann verwundert.

„Darf ich mich vorstellen? Dr. Aaron Wappler, Internist." Seine Verbeugung war gekonnt, ein amüsiertes Lächeln lag um seinen Mund.

„Freut mich", sagte Marie mit einem erstaunten Blick auf das Gespann. „Trotzdem …" Sie hob mit Bedauern die Schultern.

Dr. Wappler sah sich in der Halle um. Zum Glück saßen dort nur wenige Besucher. „Ich habe nur etwas vergessen.

Wir sind sofort wieder draußen."

„Tut mir leid! Das geht nicht. Die Hausordnung gilt auch für Ärzte."

„Tja, da kann man wohl nichts machen", stellte er fest. „Dann halten Sie bitte einen Moment meinen Hund. Ich bin sofort zurück."

Marie griff mit der linken Hand nach der Leine.

Mit geübtem Blick entdeckte Dr. Wappler eine etwa drei Zentimeter lange, schlecht verwachsene Narbe auf dem Handgelenk. Marie bemerkte es nicht. Früher als Kind und noch später, trug sie der Narbe wegen alles, was langärmelig war. Heut war es ihr egal, ob man sie sah oder nicht. Sie war verblasst wie die Erinnerung an ihre Entstehung.

„Er heißt Joschi", verriet Dr. Wappler und entschwand ihren Blicken.

Marie führte den Dackel zu ihrem Schreibtisch. Sie suchte eine Stelle zum Festbinden. Als sie nichts fand, setzte sie sich kurzerhand auf die Leine. Tief in Gedanken starrte sie vor sich hin. Wappler! Joschi! So viele Jahre lang hatte sie diese Namen nicht mehr gehört und nun wurden sie in einem Atemzug genannt, von ein und derselben Person. Marie grübelte noch, als Dr. Wappler seinen Hund längst abgeholt hatte.

Er hatte sich mit einem Lächeln bedankt und war gegangen.

„Du siehst müde aus", sagte Pia, Maries jüngste Tochter, als sie fast gleichzeitig das Haus betraten.

Marie warf achtlos ihre Tasche auf den Küchentisch und ließ sich auf den erstbesten Stuhl fallen. „Ich sehe nicht nur so aus“, antwortete sie. „Ich bin total geschafft. Dieser verdammte Stress! Wer nicht nervös ist, kann es dort werden. Die Telefone, das Funkgerät, die vielen Besucher! Wirklich, zwei Hände und zwei Ohren reichen oft nicht aus!“

Pia hatte ihrer Mutter interessiert zugehört. „Ach, Mutti! Warum schmeißt du die Arbeit nicht wieder hin“, sagte sie. „Oder reicht es nicht, was Vati an Unterhalt bezahlen muss? Bleib zu Hause und ruh‘ dich aus.“

„Darum geht es doch überhaupt nicht. Genau das will ich nicht, mich ausruhen. Du weißt noch nicht, wie lang ein Tag sein kann, wenn man alleine ist“, antwortete Marie ihrer Tochter.

„Soll das ein Vorwurf sein? Du weißt doch genau, warum ich ausgezogen bin. Ewig diese lange Zugfahrerei. Dazu hatte ich einfach keinen Bock mehr.“

Zweifelnd blickte Marie in das Gesicht ihrer Tochter. War es wirklich nur die Zugfahrerei? War es nicht vielmehr der Gedanke an eine sturmfreie Bude?

„Es tut mir leid für dich“, sagte Pia. „Ehrlich! Aber du wärst nicht alleine, hätte Vati uns nicht im Stich gelassen. Dieser …!“

Marie schob unwillig ihre rutschende Brille, auf die Nase zurück. „Pia! Pia! Wie sprichst du nur von deinem Vater?“

Pia verdrehte ihre hübschen Augen. „Lieber Himmel“, sagte sie, „warum nimmst du Vati immer in Schutz? Warum hast du nicht um ihn gekämpft?“

Marie war wirklich zu müde, um mit ihrer Tochter über Sachen zu diskutieren, die fünf Jahre zurücklagen.

„Warum angelst du dir keinen Neuen?“, wollte Pia wissen. „Gibt es für dich keinen mehr, der dir etwas bedeuten könnte? Du wärst nicht allein – und überhaupt …!“

„Nein, es gibt keinen“, antwortete Marie ziemlich gereizt und nicht ganz ehrlich.

„Das war vielleicht ein Vormittag!“, stöhnte Anni Bauer, die Kollegin von Marie, als sie von ihr abgelöst wurde. „Dieser Neue, dieser Doktor – wie heißt er bloß wieder?“

„Doktor Aaron Wappler, Funk siebzehn“, half Marie ihr.

„Der bringt mich ganz schön durcheinander“, gestand Anni. „Augen hat der Mann, so groß wie Wagenräder. Wenn ich nicht verheiratet wäre, wüsste ich, was ich täte!“

Marie lachte. Sie nahm die Schwärmende schon lange nicht mehr ernst. Anni begeisterte sich jede Woche für einen anderen.

„Augen hat der“, begann sie wieder.

„Schon gut“, bremste Marie sie. „Er hat Augen wie Wagenräder und schlank ist er auch.“

Anni Bauer war kurzzeitig sprachlos. „Ach, Ihnen ist er auch schon aufgefallen?“, meinte sie dann spöttisch.

Marie wurde es unter Annis durchdringenden Blicken unbehaglich. Sie legte Teilnahmslosigkeit in ihre Stimme: „Er sieht nicht anders aus als die anderen Weißröcke auch.“

Enttäuscht, dass Marie nicht ihrer Meinung war, wurde

die Kollegin ziemlich bissig. „Sie immer mit Ihrer vornehmen Zurückhaltung! Sie ziehen sich am besten einen Sack über den Kopf und laufen nur noch Feldwege!"

Peng! Das war Anni Bauer. Sie schwärmte, für wen sie wollte und sagte, was sie wollte! Sie drückte Marie die Liste der Neuaufnahmen in die Hand.

„Ich wünsche Ihnen einen ruhigen Dienst. Also dann, bis morgen Abend auf dem Betriebsfest. Sie haben ja glücklicherweise ein verlängertes Wochenende vor sich!"

‚Ach, dieses blöde Betriebsfest!', dachte Marie. Sie verspürte nicht die geringste Lust dazu. Aber es war wohl besser hinzugehen, denn schließlich wurde es der Angestellten wegen veranstaltet, und wenn jeder so dachte, von wegen den Besuch absagen …!

Marie ärgerte sich über den Sack und den Feldweg. Und wie! Gestern Pia mit ihrer blöden Fragerei und heute Anni. Sehe ich wirklich so kühl und trocken aus?

‚Gut so', dachte sie im gleichen Moment. Es ging keinen etwas an, dass sie seit gestern verliebt war. Oder wie sollte man es nennen, wenn man jemanden in die Augen sieht und mit dem nächsten Herzschlag weiß, dass einen diese Augen nie wieder loslassen werden. Woran sie aber wirklich knabberte, waren Dr. Wapplers Name und der seines Hundes. Wenn er es war, den sie meinte zu kennen, dann gab es noch Wunder. ‚Unsinn', beruhigte sie sich. Es gab keine Wunder! Und damals schon gar nicht. Ihre Gedanken wurden von der Arbeit verdrängt und schon war sie im schönsten Stress. Wie hübsch sie in der Hektik aussah, bemerkte nicht nur Dr. Wappler. So manch bewundernder Blick streifte sie im Vorübergehen.

„Empfang!"

Eine sympathische Männerstimme ertönte durch die Leitung. „Hallo! Sie sehen heute bezaubernd aus!"

Marie bekam einen roten Kopf. „Und das sehen Sie durchs Telefon?" Ihre freie Hand fuhr verlegen durchs Haar.

„Hübsch, Ihre neue Frisur. Steht Ihnen ausgezeichnet!"

Marie war verblüfft. Sie ließ ihre Augen durch die Halle wandern. Sie wusste, mit wem sie sprach, wollte es aber von ihm hören. „Haben Sie mich angerufen, um mir das zu sagen, Doktor …?"

Darauf fiel er nicht rein. „Spaß beiseite. Gleich öffnet sich der Fahrstuhl. Fangen Sie den Patienten mit dem nackten Oberkörper ab. Benachrichtigen Sie eine Schwester. Er möchte nicht bei uns bleiben!"

Marie hörte sich fragen: „Glauben Sie denn, dass ich das kann, Doktor …?"

Die Antwort war ein wohlklingendes Lachen.

Die Fahrstuhltür öffnete sich. Ihr blieb nicht mehr viel Zeit. Auch das schien er zu bemerken. „Auf Wiedersehen! Und ein schönes Wochenende!" Dann, machte es ‚klick', und die Leitung war tot.

„Alte Glucke", schalt sie sich, als sie bemerkte, wie nervös und durchgedreht sie war.

Kurz darauf wurde Herzalarm auf einer

Station gemeldet. Sie funkte die Mitglieder des Teams einzeln an und beorderte sie direkt dorthin. Sie waren schnell.

Aber ausgerechnet bei Dr. Wappler passierte ihr ein Versprecher: Statt Herzalarm auf Station durchzugeben, meldete sie Herzalarm am Empfang.

Doktor Wappler kam angeflogen. Mit rotem Kopf klärte sie ihn auf. Am liebsten wäre sie im Erdboden versunken. Sie sehnte nichts sehnlicher als den Feierabend herbei.

An diesem Abend schmeckte ihr kein Essen mehr. Nach langem Suchen hielt sie ein kleines, vergilbtes Bild in der Hand. Es zeigte einen aufgeschossenen, dunkelblonden Jungen mit auffallend großen Augen, etwa acht Jahre alt. Daneben eine dünne Sechsjährige mit Nickelbrille auf der Nase. Später im Bett starrte sie mit offenen Augen in die Dunkelheit. Sollte es doch noch Wunder geben? Und die Müdigkeit und ihre Gedanken vermischten sich zu einem Traum, den sie längst bewältigt und vergessen geglaubt hatte.

Der beste Platz ist bekanntlich an der Theke. Marie steuerte nach einem leckeren Abendessen der Bar zu, von wo sie einen guten Blick zur Tanzfläche hatte. Es war ein sehr hübsches, geräumiges Lokal. Bei den wenigen Vertretern der männlichen Spezies hatte man sich auf Damenwahl geeignet.

Anni Bauer, ihre Kollegin, hatte dabei keine Hemmungen. Mit triumphierenden Blicken schleppte sie ihre hart erkämpften Partner zum Tanzboden. Um ihr das gleichzutun, müsste Marie sich einen Rausch antrinken. Das wollte sie nicht. Also begann sie ihr *Leute-Beobachtungs-Spiel*. Ein gedanklich tiefes Spiel, bei dem man Zeit und Raum vergaß.

Anni Bauer hatte Dr. Wappler ergattert und zog ihn triumphierend auf die Tanzfläche. Maries Meinung nach hing sie ihm viel zu nah auf der Pelle. Und wie sie ihn anhimmelte. Einfach schamlos! Eine heiße, unbändige Eifersucht packte Marie mit einem Male. Rasch eilte sie nach draußen. Der Wind zerzauste zornig ihr Haar, bis sie wieder einen klaren Kopf hatte. Wieder auf ihrem Platz an der Theke war sie bedeutend ruhiger.

Plötzlich hörte Marie *seine* Stimme hinter sich. „Darf ich bitten!"

Sie wurde nicht ohnmächtig und der Himmel stürzte auch nicht ein, als Dr. Wappler sie zur Tanzfläche führte.

„Wie die kleinen Kinder", bemerkte er mit einem Blick auf die lustige Gesellschaft.

Marie folgte seinen Augen. „Ja, sie sind noch jung", erwiderte sie schnell. „Aber keine Kinder mehr! – Waren Sie nie jung, Doktor Wappler? Waren Sie nie ein Kind?"

Er sah sie lange an.

Was würde er wohl antworten? Würde er so reagieren, wie Marie es sich wünschte?

„Sie waren bestimmt ein hübsches Kind?", meinte Aaron Wappler.

Marie hielt den Atem an. „Wieso ich? – Sie etwa nicht?"

„Ich kann Sie mir gut als Kind vorstellen", äußerte er sich und ging abermals nicht auf ihre Frage ein. Seine Stimme klang jetzt heiser und erregt. „Bestimmt waren Sie dünn, wie eine Bohnenstange, mit langen blonden Zöpfen und einer Nickelbrille auf der Nase."

Marie konnte vor Aufregung nicht sprechen. Ihr Herz klopfte ganz oben im Hals.

Dann, aus heiterem Himmel, war alles vorbei. Anni Bauer drängte sich dazwischen und klatschte in die Hände.

„Genug, ihr beiden! Nun bin ich aber wieder dran!"

Am nächsten Morgen raste Marie mit ihrem kleinen Wagen Dänemarks Küste zu. Auf der ganzen Strecke umkreisten ihre Gedanken nur einen einzigen Mann: Dr. Aaron Wappler!

Um diese Zeit war der Strand leer. Es war Anfang Oktober mit dem dazugehörigen Wetter. Noch war das Meer ruhig. Es umspülte gelangweilt ihre Gummistiefel. Wenig später kam starker Wind auf. Er tobte durch die Dünen. Es zischte und pfiff in der Luft und der aufgewirbelte Sand stach auf der Haut wie tausend kleine Stecknadeln. Jetzt heulte er so stark, als wollte er sie vertreiben. Sie befreite sich vom Sand und lief durch die Dünen zurück.

Sie war schon oft hier gewesen, denn das kleine Ferienhaus gehörte einer guten Bekannten.

Marie wurde es plötzlich kalt. Im Wohnzimmer vor dem Kamin lag ein Stapel Holz und Späne, fein säuberlich aufgeschichtet. Sie zündete den Kamin an und kochte sich Tee. Dann zog sie sich einen Sessel ans prasselnde Feuer und starrte in die Flammen.

„Ich bin total verrückt“, sagte sie laut.

Am nächsten Tag war das Wetter noch schlechter. Nachts hatte der Wind orkanartig um das Häuschen getobt. Vor Angst hatte sie kaum geschlafen und war zur Erkenntnis gelangt, sie müsse verrückt sein! Denn nur ein Verrückter fuhr um diese Jahreszeit allein an die See. Nicht auszudenken, was ihr hier alles passieren konnte! Doch am späten Nachmittag legten sich der Wind und ihre Angst.

In Gummistiefeln und Windjacke machte sie sich auf den Weg. Die See war noch immer etwas unruhig und laut.

Rief da jemand?

Irgendwie hatte sie das Gefühl, nicht mehr allein zu sein. So war es! Weit weg, als winziger Punkt erkennbar, kam ihr eine Gestalt entgegen. Weglaufen war ihr erster Gedanke, sei nicht albern, der zweite. Vorsichtshalber suchte sie die Nähe der Dünen. Die Gestalt kam näher, fuchtelte mit den Armen.

„So laufen Sie doch nicht davon“, hörte sie die Gestalt rufen.

Ihr Herz machte einen Sprung, als sie erkannte, wer es war. „Dr. Wappler, Funk siebzehn“, platzte sie verwirrt heraus. „So ein Zufall!“

„Kein Zufall“, sagte er lächelnd und blickte in ihr gerötetes, verdutztes Gesicht.

„Woher wissen Sie, dass ich hier bin?“, wollte Marie

wissen.

„Das erzähle ich Ihnen alles später."

Er nahm ihre linke Hand, schob etwas die Jacke zurück und betrachtete sich die Narbe. Marie ließ es geschehen. Ach ja, die Narbe, die müsste er kennen! Er hatte sie beim Schlittenfahren in einen Stacheldrahtzaun gelenkt. Erschrocken entzog sie ihm die Hand.

„Bitte sag mir, dass ich mich nicht täusche." Das ‚Du' ging ihm leicht über die Lippen.

„Du täuscht dich nicht", antwortete Marie. „Wir sind es wirklich!" Beide blickten versonnen aufs Meer.„Ich habe deinen Namen nie vergessen", bekannte sie leise. „Warum nennst du deinen Hund noch immer Joschi?"

„Ich weiß es nicht! Vielleicht aus anhänglicher Treue. Vielleicht, um es nie mehr zu vergessen!"

„Woran hast du mich erkannt?", wollte sie wissen. „Ich habe dich nicht erkannt. Zuerst nicht. Es war nur irgendeine Erinnerung in mir."

Er schob ihr die Brille auf die Nase zurück, lächelte. „Genau wie damals. Es gibt Dinge, die vergisst man nie. Ich begann dich, zu beobachten. Dann die absichtliche Begegnung mit Joschi. Ich spürte deine Verwirrung. Als ich dann die Narbe sah, war ich mir ganz sicher. Deinen Geburtsnamen erfuhr ich im Personalbüro. Und deine Kollegin ist eine Schwätzerin. Sie wusste, wo ich dich finden würde."

„Du hast mich ganz schön konfus gemacht", gestand Marie.

„Ich weiß! Du mich auch!“

„Darf ich dich weiterhin Georg nennen?“, fragte sie leise.

Er nickte.

Ihre Füße hatten sie zum Häuschen gelenkt.

„Ich freue mich so“, sagte Marie und hörte ihr Herz pochen, viel zu laut.

Er nahm sie in den Arm. „Mir geht es nicht anders.“

Draußen hatte sich wieder der Wind erhoben. Das Klatschen der Wellen war bis zu ihnen zu hören. Sie standen ganz still.

„Ich muss dir etwas gestehen“, flüsterte er in ihrem Haar.

„Ich dir auch!“

Da riss der Wind die Türe auf, wirbelte eine Fuhre Sand in den Raum und nahm ihr Geständnis mit auf das weite Meer.

Marianne Schaefer

... wurde am 12.01.1938 in Landsberg an der Warthe geboren und lebt heute mit ihrem Mann im Schwarzwald. Sie hat drei Kinder, neun Enkel und sieben Urenkel. Sie arbeitete als Glasbläserin und Keramikmalerin. Später, als Verwaltungsangestellte in einem Krankenhaus.

Viele ihrer Märchen und Geschichten wurden bereits in Anthologien veröffentlicht. Zahlreiche Märchenbücher begeistern bereits junge und junggebliebene Leserinnen und Leser.

Mit den *Erzählungen vom Winterkind* öffnet die Autorin ein neues Genre für sich und wagt sich damit an gänzlich andere, weil ernste, Themen heran.

Weitere Informationen zur Autorin finden Sie auf ihrer Homepage:

http://www.maerchenlandonline.de

Warum sitzt ein kleiner Prinz mit einer Pudelmütze auf dem Kopf, die seine grünen Haare verbirgt, allein am Strand und spricht mit einem Stück Holz?

An seinem zehnten Geburtstag muss Prinz Robert erkennen, dass sich sein Leben gänzlich verändern wird. Er ist gezwungen, sich eine neue Heimat zu suchen, denn man hat ihn aus dem Königreich gewiesen, das eigentlich ihm gehört. Alles, was ihm bleibt, ist eine Reisetasche und seine geliebte Flöte.

So landet er auf dem Schiff der Hexe Sapralotta, begegnet dem dreiköpfigen Seeungeheuer Justus und dem Märchenerzähler Arek und Fehmi, ein winziges Regentröpfchen in Gummistiefeln, wird seine Vertraute. Bald sind sie zu einer verschworenen Gemeinschaft geworden und bestehen miteinander viele Abenteuer.

Wird es dem Prinzen gelingen, die wirklich Bösen zu bestrafen und sein Schloss zurückzuerobern?

ISBN 978-3-903056-87-9

http://www.karinaverlag.at/products/sieben-goldene-tranen-von-marianne-schaefer/

Rosa Ananitschev
IN DER
SIBIRISCHEN
KÄLTE
Autobiografisches

Das kleine Mädchen, …

… das auf dem Coverbild scheinbar so unbeschwert einen Wintertag genießt, hat auf seinem Weg zum Erwachsenwerden viel erlebt. Es ist ein Werdegang mit vielen Hindernissen und Unbillen. Teilweise finden diese ihren Ursprung in der Zeit, der Herkunft und politischen Lage, in der diese Biografie ihren Anfang nimmt: 1954 in einem Dorf in Westsibirien.

Rosa Ananitschev erzählt von Erlebnissen, die ihr besonders gut in Erinnerung geblieben sind: schöne und glückliche, traurige und tragische oder auch solche, die erst im reifen Alter aus der Tiefe aufstiegen und die Geschehnisse ihres Lebens in ganz anderem Licht erscheinen ließen. Die Erkenntnis, was den Depressionen zugrunde liegt, die sie seit ihren Kindheitstagen begleiten, löst zwiespältige Gefühle aus. Es braucht Zeit, bis die Autorin zu der Einsicht kommt, dass die kleine Rosa von damals ein Verschweigen nicht verdient hat, sondern vielmehr die Wahrheit und uneingeschränkte Anerkennung dafür, dass sie trotz allem, was ihr widerfahren war, die Willenskraft besaß, ihren Weg zu gehen.

Vielleicht stellt das Mädchen auf dem Cover die kleine Rosa dar? Gewiss – sie hätte von so herrlicher Winterkleidung nicht einmal zu träumen gewagt … und doch – ihrem Wesen nach ist sie es. Hin und wieder vergaß sie nämlich alles Schwere um sich und in sich, tobte und wirbelte im Schnee umher und fühlte sich leicht und frei – ganz in ihrem Element, ganz in ihrem Universum.

Leseprobe aus ‚In der sibirischen Kälte' von Rosa Ananitschev

Wer hätte das gedacht?

Mein erstes Buch bekam ich, als ich fünf Jahre alt war. Aus welchem Grund auch immer, in unserem Dorfladen gab es eines Tages Bilderbücher zu kaufen und Vater brachte mir eins mit. Es war „Das Märchen vom Fischer und dem Fischlein" in Gedichtform von Alexander S. Puschkin und es war Liebe auf den ersten Blick: Die Liebe zum Buch, zum gedruckten Wort, zu einer fantastischen Welt, die mit diesen Worten so wunderbar beschrieben werden konnte, eine Liebe, die bis heute allen Widrigkeiten standgehalten hat.

Ich war von dem dünnen Heft mit den bunten Bildern überwältigt. Am Abend las Vater mir das Märchen vor, ebenso am nächsten. Auch am übernächsten wollte ich es unbedingt wieder hören. Bald lernte ich es auswendig, und es dauerte auch nicht allzu lange, bis ich mein geliebtes Buch selbst lesen konnte.

Was ist denn daran so besonders, einem Kind ein Märchen vorzulesen, könnte man fragen. Es gibt doch reichlich Kinderbücher – zu jedem Thema, für jedes Alter. Ja, das stimmt, aber man bedenke – dies geschah Ende der 50er Jahre in Russland und ich wuchs in einer streng baptistischen deutschen Familie in einem Dorf in Sibirien auf, wo außer Bibeln und religiösen Schriftstücken kaum andere Bücher geduldet wurden.

Die heiligen Schriften füllten unser Haus, denn neben seiner Arbeit im Kolchos (er war zuständig für das Separieren der Milch, dazu kamen natürlich noch die Feldarbeiten) restaurierte mein Vater in der Freizeit für die Gemeinde-Mitglieder – auch die der umliegenden Dörfer – die alten abgewetzten Bibeln und Liederbücher. Die deutschen Gläubigen in Russland hatten keine Möglichkeiten, neue Bibeln legal zu kaufen. In diesem atheistischen Land wurden sie nicht einmal in russischer Sprache gedruckt, geschweige denn in einer anderen. Manchmal wurden sie aus dem Ausland heimlich eingeführt, aber die meisten in Altdeutsch gedruckten Bibeln waren von den Siedlern aus ihrer alten Heimat mitgebracht worden. Sie stammten aus dem 18. oder 19. Jahrhundert und wurden von Generation zu Generation weitergegeben. Mit der Zeit lösten sie sich unweigerlich auf. Wenn eine Bibel den Zustand erreicht hatte, in dem sie nicht mehr benutzt werden konnte, dann trat der Hobby-Buchbinder Jakob Schütz in Aktion.

Ich sah Vater gern zu, wie er liebevoll die dünnen, fast durchsichtigen, oft zerrissenen und ausgefransten Blätter reparierte, einen frischen, mit schwarzem Leder bezogenen Deckel herstellte, den Buchblock neu vernähte. Er verwendete dafür ein von ihm selbst konstruiertes spezielles Gerät. Der Schnitt wurde mit einem scharfen

Messer nachgezogen und bekam noch einen feierlichen roten Anstrich. Zum Schluss wurde der Block eingebunden, sorgfältig verklebt und der fertige Band unter die Presse gelegt. Vom Ergebnis seiner Arbeit war ich immer schwer beeindruckt – das Buch sah wie neu aus und roch angenehm nach Leder und Farbe. Ein Manko wies es jedoch auf – Deckel und Rücken hatten keine eingeprägte Aufschrift wie sonst üblich, denn so etwas war mit einfachen Mitteln nicht zu bewerkstelligen.

Ich würde lügen, wenn ich behauptete, dass ich die Bibelgeschichten nicht mochte, die Vater uns Kindern oft vorgelesen oder erzählt hatte. Aber für mich assoziierten sie sich auch noch mit allerlei Verboten, mit Leiden – und davon hatte ich in meinem kleinen Leben genug. Ich war ein stilles, ängstliches und trauriges Kind. Wenn ich heute mit den Augen eines Erwachsenen in die Vergangenheit blicke, weiß ich, warum dies so war, und das kleine Mädchen von damals tut mir unendlich leid. Es ist ein irrationales Gefühl – dieses Mädchen gibt es längst nicht mehr, es ist eine Frau geworden, die ihren Weg gegangen ist, die eigentlich immer erreichte, was sie erreichen wollte. Dennoch schmerzt mein Herz in Erinnerung an das, was war, und es kommt mir vor, als ob es vorgestern gewesen sei.

Heutzutage ist es kein Geheimnis, dass auch Kinder depressiv sein können. Damals in Russland ahnte gewiss niemand so etwas. Aber ich denke, es ist das Schlimmste, das einem Kind widerfahren kann – sich des Lebens nicht

freuen zu können, sondern den Wunsch zu haben, irgendwie irgendwohin daraus zu verschwinden.
Ich hatte natürlich keine Ahnung, dass meine ständige Niedergeschlagenheit, meine nagende Sehnsucht nach irgendetwas, das ich nicht definieren konnte, die Symptome einer Krankheit waren. Vielmehr war ich überzeugt, dass sich an meinem Zustand nichts ändern ließ: So war ich eben. Nicht einmal meine Eltern merkten, dass eine ihrer Töchter innerlich litt und hätten sie es bemerkt, hätten sie die Krankheit nicht benennen können.

Manchmal dachte ich: 'Wenn ich so bin, dann müssen sich doch alle Kinder so fühlen', und es wunderte mich, dass ich dies nie an ihrem Verhalten, an ihren Gesichtern ablesen konnte.

Vielleicht stammte von daher meine Abneigung gegen die Bibel, gegen den Glauben? Gott konnte mir nicht helfen, dessen war ich mir sicher, und die in seinem Namen ausgesprochenen Verbote machten mein Leben noch trister. Ich durfte nicht ins Kino, durfte nicht tanzen gehen, ich durfte mich nicht nach der Mode kleiden und schon gar nicht durfte ich Hosen tragen, nur Röcke und Kleider, die unbedingt die Knie bedecken sollten.

Ich durfte dies nicht, ich durfte das nicht … und ich musste regelmäßig zum Gottesdienst … und ich weigerte mich immer wieder …

http://www.karinaverlag.at/products/in-der-sibirischen-kalte-rosa-ananitschev/

http://www.karinaverlag.at/